# 無税生活

大村 大次郎

*Omura Ojiro*

ベスト新書
252

目次／無税生活

本書における各種データは断りのないかぎり２００９年９月時点のものです。

## はじめに◈「納税は国民の義務」とはいうけれど

納税は国民の義務である。

小学生でも知っている当たり前のことだ。

しかし、その義務をだれもが果たしているのかというと、現実はまったく違う。納税の義務をきちんと果たしているのは、お人好しのサラリーマンだけであり、その他の人はいかにこの義務から逃れるかということに知恵を絞っている。

そういう人たちの生活状態を紹介するのが、この本の趣旨である。

給料が自分の懐に入る前に税金が徴収されているサラリーマンから見れば信じ難い話かもしれないが、税金を払っていない人、通常より非常に格安ですませている人は、けっこう多いのである。

「税金を払う」

ということは、〝正しい〟ことであるはずだ。だから税金を払っていない人というのは、〝悪い人〟ということになる。

しかし、今の日本で税金を払うことは、必ずしも日本をいい方向に導かない、と筆者は思う。

筆者は、「税金をなくしてしまえ」などというつもりはない。

社会にとって税金は必要なものである。

税金がなければ、警察も消防もなくなってしまう。公園やゴミの処理など生活環境を整える事業もされなくなる。収入の多い家庭の子しか学校に行けなくなるだろう。そういう社会になっていいわけはない。

しかし、現在の税制では、払っている税金に対して、享受している利益があまりに少ない。いや、一部の人だけが税金で潤い、その他の人は税で苦しむ、そういう制度になっているのだ。

サラリーマンは、税金に対してあきらめの感が強く、関心もあまりもっていない。

しかし、日々の生活のうえで、税金ってけっこう大きいものである。税金がもっと安ければ、本当はもっと豊かな生活をしているはずなのである。

現在の日本では、税金と社会保険料を合わせた負担率は、所得の40％近くになっている。つまり、現在手取りが３００万円の人は、本当は５００万円の年収があるはずなのだ。

それほど税金の存在が大きいにもかかわらず、ほとんどの人（日本で働いている人はほとんどがサラリーマンなので）は、税金は取られるものとしてあきらめている。あまり関心を払わないし、税金を払わない工夫もしていない。

この本で取り上げるのは、そういう世間の風潮とは一線を画し、「税金だけは払いたくない」という生き方をしている人たちである。

税法の知識を駆使しているもの、法の抜け穴ギリギリをついているもの、または完全に非合法なものも登場する。

しかし、彼らの手法をそのまま真似て、税金が安くなるものではない。

明らかに違法なものもあるし、合法かどうかの判断が難しいものもある。だから本書の事例を、節税マニュアルとして使用するのは不可である。

もし、節税をしたいのであれば、本書はヒントにとどめ、さらにしっかりとした知識を会得されたい。

無税生活をしている人たちの実情を描くことは、税金の世界の実情を描くことに他ならないと筆者は思う。

日本の税制はどういう仕組みになっているのか？

税金を取ること、取られることとはどういうことなのか？

無税生活者たちの姿は、それをあぶり出してくれるものである。

税金という、複雑で面倒なもの――しかし同時に生活に大きな影響を及ぼすもの――についての理解の一助になれば、と筆者は考えている。

また筆者は、元国税調査官であり、守秘義務の規制を受ける身である。自分が見てきた事実をそのまま書き記すことはできないので、若干の脚色を加えている。ここに挙げた無税生活者の数々は、純然たるノンフィクションではないことを、最初にお断りしておく。

# 序章

# 無税生活の言い分

## 格差を広げる税金

本書は、無税生活を送っている人たちを紹介する本である。

その前に、若干、日本の税金の現状について述べさせていただきたい。

無税生活というといかにも〝悪い〟感じがする。しかし、「はじめに」でも少し触れたように、日本の税制の現状を見るかぎり必ずしもそうとはいえない。

今の税制は欠陥だらけであり、しかもそれを修繕する兆候がまったくない。そんななかでせっせと税金を払うことが果たしていいことかどうか、読者諸氏に考えてもらいたいのである。

昨今、格差社会という言葉が頻繁に使われるようになったが、この格差社会を作った要因の一つが税金だといえる。

そもそも、日本は世界で最も経済的に豊かな国のはずである。GDPは世界第2位。日本人は、世界の金融資産の10%以上をもっている。日本車は世界中を走り回り、日本の電化製品は辺境の国でも使われている。

これほど真面目に働いて、お金も稼いでいるはずなのに、なぜワーキングプアなどという人たちが出てくるのか？

都心部では、中規模以上の駅の周りには必ずといっていいほどホームレスがいる。日本は欧米諸国のように、難民や移民をたくさん受け入れているわけではない。難民や移民が市民権をもたずに行政サービスを受けられないでホームレスになるのは、よくみられることである。

しかし、ほぼ同一民族で構成されているこの国で、これほどホームレスが生じるとはどういうことなのだろう。

日本人は、憲法で最低限の生活の保障が謳《うた》われている。本来は、ホームレスなど絶対生じないはずなのである。なぜこういうことが起きているのか？

世界中で稼いでいるはずの金はいったいどこへ消えているのか？

その謎を解く鍵に、税金がある。

昨今の税金は、金持ちには減税をし、貧乏人には増税をするという傾向が続いている。

そして、貧乏人から取り上げた税金を、一部の者ばかりに還元する、そういう政策が続いているのだ。

税金には、「国を運営するための財源を確保する」という役割とともに、「国民の収入を再配分する」という役割がある。

簡単にいえば、金持ちからたくさん税金を取り、それを貧乏人に分配する。つまり税金には、所得の格差を減らす働きがあるのだ。中学校の社会でも教えられる税金の基礎的な役割である。

今の日本の場合、その税金の最も基礎的な役割さえ果たされていないのである。

## 金持ちに減税、貧乏人に増税

日本では、ここ20年ばかりの間に高額所得者の税率が半分近く下げられ、相続税の最高税率も30%下げられた。

これは、実はものすごい大減税なのだ。

自分の税金に照らし合わせてみてほしい。あなたの税金が今、半分に下げられたら、あなたは相当豊かな暮らしができるはずである。

仮に今、手取り300万円であれば、100万円の税金が戻ってくるのである。30

0万円で暮らしていた人が、400万円の手取り収入を得ることができる。低所得の人には、夢のような話といえる。

そういうことが、高額所得者に対しては行われていたのである。

そして逆に、低額所得者に対しては、増税、増税である。明確な「増税」はあまりしていないが、各種の所得控除を廃止するなどして事実上の増税を繰り返してきたのだ。

たとえば、配偶者特別控除の廃止である。

配偶者特別控除というのは、働いていない妻（もしくは主夫）がいる家庭では、税金の割引額を大きくするという制度である。これは、「子どもが小さかったり、多かったりして母親が働けない家庭」「母親に学歴があまりなく、出産後に再就職できない家庭」など、低所得者向けの減税制度だったのである。

しかしあろうことか、この減税制度を廃止したのである。これにより、低所得者世帯が5万円から10万円程度の増税となったのである。

また社会保険料も、われわれ中流以下の層には増額が続いている。社会保険料の値上げは、家計を大きく圧迫している。

しかし、高額所得者というのは、社会保険料は一定額で頭打ちにされているのである。たとえば健康保険料は、年間60万円が上限金額となっている。なので数億円の所得がある人でも、健康保険料を60万円以上払う必要はない。たとえば、1億円の所得があれば健康保険料は、収入に対して0・6％に過ぎないのだ。

社会保険というのは、国民がお金を出し合って、各人のもしものときに備えるという趣旨のはずだ。

だから各人の財力に相応して払うのが本来の筋である。

それにもかかわらず、高額所得者に対して上限金額が定められているということは、高額所得者の特権といえるだろう。

もし、高額所得者の頭打ち制度を廃止すれば、社会保険料の財源はかなり楽になるはずである。それをせずに貧乏人の社会保険料を引き上げてばかりいるのが日本である。

また、日本は課税最低所得が先進諸国のなかでかなり低いほうである。課税最低所得が低いということは、税金を免除される所得額が低いということだ。つまり、貧乏人でも税金をたくさん取られる国だということである。

## 税金を徴収するには高度な政治力が求められる

サラリーマンは、税金が自動的に天引きされているので、あまり気づかないかもしれないが、国家にとって税金を徴収するということは、実はとても難しいことなのである。政治というのは、要は税金をいかに取り、いかに使うか、ということである。そして税金は、使う前に、取らなければならない。

国家権力をもってすれば、税金なんて簡単に取れると思ったら大間違いである。税金というのは、いざ取り立てようとすると大変な労力が必要なのである。

税金を取るためには、まず納税者側の同意を取り付けなくてはならない。同意を取り付けるためには、納税者が納得するような税金システムを作らなければならない。これがなかなか難しいのである。

税金徴収システムをうまく作れなかったために破綻に瀕した国はたくさんある。

たとえば1990年代にロシア経済が破綻したのは、ロシアという国に税金を取るシステムがほとんど出来ていなかったことが大きな要因である。

長い間、共産主義体制のなかにいたロシアは、企業や個人の収益から税金を取るという仕組みがなかった。よって国家は財政基盤をもたず、国家としての経済秩序が成り立たなかったのだ。

また欧米の市民革命のほとんどは、税金の徴収の失敗がその要因となっている。国王が勝手に税金を決めたり、配慮のない増税が行われることに反発して、革命に発展していったのである。

明治維新後の日本も、それまでの農地の収穫によって一定量を納める年貢方式から、土地に対して課税し現金で納める地租方式に改めたが、これが農民の大反発をくらい一揆が相次ぎ、財政崩壊寸前にまで追い込まれた。

サラリーマンからみれば、「税金は国が勝手に取り立てるもの」「国民は国が決めた税金を必ず払うもの」と思っているだろう。

しかし国からみるならば、税金とは非常に取りづらいものであり、なかなか取れないものなのである。

増税をすると、必ずそのときの内閣は支持率を大きく落とす。退陣に追い込まれるケースも少なくない。

たとえば、消費税を導入した竹下内閣は支持率低下で退陣したし、国民福祉税を導入しようとした細川内閣もそれを果たす前に瓦解した。

選挙前になると、必ず減税（の約束）が行われる。与党側が国民の支持を得るためである。野党側はそれよりさらに安い税制改正を公約に掲げる。どっちみち税金は安くなるのだ。

官僚側は消費税の増税を推奨している。それは、消費税は取りやすいというのが主たる理由の一つである。

しかし消費税は、税金を負担する人と納付する人が別である。負担する人は消費者であり、納付する人は事業者である。

事業者は、原則として自分の腹は痛まない。消費者は、物を買うにあたっては払わないわけにはいかないし、事業者に文句をいうわけにもいかない。ということで、消費税はすんなり納付されるのである。

また消費税の場合、税負担が間接的になっているので、減税圧力も少ない。所得税などは、選挙のたびに政治家が国民の機嫌を取るために減税される。官僚としては、選挙のたびに税収が減少してしまっては予算が立てられず、たまったものではない。

しかし、消費税はそれがないので、官僚にとっては非常に都合がいいのである。だから官庁は消費税を推奨しているのだ。

### 税金は取りやすいところから取るもの

このように税金は、取り立てるのに非常に苦労するものであるが、そのため公平な税金制度というのは、なかなか構築しにくい。行政側としては、どうしても「取りやすいところから取る」というふうに傾きがちだからである。

収入がガラス張りで、有無をいわさず税金を取られているサラリーマンにとって、税金というのは合理的できっちりしたシステムとなっている、と思いたいものである。

しかし、税金のなかで徴収システムがきっちりしているのはサラリーマン税制くらいのもので、あとは「声が大きいものが得をする」というような幼稚で野蛮なシステムなのである。

日本の税制というのは、「公平で民主的な課税」を建前としている。

しかし、公平で民主的になるように、きちんと設計されているのかといえば、まったくそうではない。

とりあえず取れるところから取ってきたのである。

たとえばサラリーマンの源泉徴収税。これは実は、戦時中の臨時特別税なのである。戦前は、サラリーマンの給料には税金は課されていなかった。会社が所得税を払っていたので、その使用人である社員は税金を払わなくていい、ということだったのである。しかし、戦時中、多額の戦費がかかるようになると財源が不足した。そこでこれまで税金が課せられていなかったサラリーマンが目をつけられたのだ。

また戦争中は、軍需工場などで多数の徴用工を使っていた。徴用工といえども、給料は払わないとならないので、その人件費は莫大なものだった。そこで当局は徴用工の給料を税金として巻き上げるためにも、サラリーマンに課税することにしたのである。

といっても、時の政府は恒久的にサラリーマンから税金を取るつもりはなく、あくまで臨時特別税であるとして、戦争が終われば廃止される予定だった。

しかし、敗戦で日本の産業は瀕死の状態となり、政府は戦争中以上に税収に困ることになった。もちろんサラリーマンの特別税はやめるわけにはいかない。そうこうしているうちに、戦後の社会ではサラリーマンがどんどん増えていき、サラリーマンの税金が税収の柱となった。

サラリーマンの税金をなくすわけにはいかなくなり、それが今に至っているのだ。

## サラリーマンからは税金を取りやすい

サラリーマンの税金がなぜこれほど取りやすかったかといえば、サラリーマンは文句をいわないからである。

サラリーマンの税金は、会社が取り立てる。サラリーマンは会社に雇用されている身なので、会社に文句をいうわけにはいかない。会社は、税務署から文句をつけられるのは怖いし、社員の税金を取り立てても自分の腹が痛むわけではないので、きちんと取り立てる。

このように、サラリーマンの源泉徴収制度というのは非常に、徴税側にとって都合よくできているのだ。この源泉徴収制度は、ナチス・ドイツが始めたといわれ、なるほどドイツ人が作っただけあって一部の隙もないほど合理的なのである。

サラリーマン以外の職業の人の税金というのは、これほど簡単には取れない。自営業者などは、私的な経費を積み上げて税金を安くするのは当たり前、下手をすれば申告さえしない者もいる。

また農家は、税金を渋る風潮が江戸時代からしっかり根付いている。農家にはさまざまな税金特権が与えられ、つい最近まで収入と経費をきちんと算出するのではなく、概算で申告することが認められていたほどである。概算ということは、適当ということであり、もちろん税金は少なくてすむのだ。

農家の場合、収入に関する税金のみではなく、相続税などでも特典がある。農地を相続する場合、相続税の支払いは事実上免除される。しかも農地として相続しても、後継者のための住居を作るということにすれば、住宅地にすることができる。そのため、後継者の住宅を建てるということにしていったん農地を住宅地に変えた後、アパートなどを建てるという節税方法も行われている。

開業医などの税金も非常に恵まれている。一定以下の規模の医者は、領収書のあるなしにかかわらず、収入の7割を経費として認められるという、まったく無茶な制度があるのである。つまり、3000万円の収入があっても、収入は900万円程度とみなして税金を算定する、ということである。

農家と同じく開業医の場合も、相続面で恵まれている。開業医は、「医療法人」というものを作れば、相続税がほとんど免除されるのだ。

医療法人というのは、医療行為をするための団体ということになり、税制上さまざまな特典がある。

医療法人は表向き「医療のための法人」となっているので、特定の医者の私有物ではない。一応、理事会などがあり、協議をして経営方針などを決めるという建前になっている。しかし、事実上は医療法人を作った医者が実質的な経営者となることができる。

つまり、開業医が経営する医療会社なのだ。

医療法人を作って、病院の建物や設備などをすべて「医療法人の持ち物」ということにしてしまえば、それを全部、息子に譲ったとしても、相続税はまったくかからない。

## 税金は声が大きいものが得をする

自営業者、農家、医者が、なぜ税金のうえで特権をもっているのか？

なぜサラリーマンだけが、税負担が大きいのか？

それは、サラリーマンは声が小さく、他のものは声が大きいからである。

自営業者、農家、医者は、それぞれ強い業界団体を作り、国会議員、政党などに圧力をかける。政治献金をしたり、集票マシンになったり、またはその逆に批判勢力になったりもする。

たとえば、農家は農業組合などを通じて結束し、昔から自民党の有力な支持基盤となってきた。

また開業医は、日本医師会という日本最強の圧力団体といわれる業界団体をもち、多額の政治献金で政治を動かしてきた。

自営業者にも各業界団体があり、それぞれが政治家などに働きかけて、独自の恩恵をもらっている。

筆者は元国税調査官であり、日本のあらゆる業界の企業を税務調査してきた経験がある。そこで見たことには、日本ではあらゆる業界が、業界団体を作っており、自分たちの特権を確保しているということである。特権をもつ業界団体がない業界というのは、ほとんどないといえる。

それに引き換えサラリーマンは、非常に声が小さい。政治的な圧力をもつ団体がほとんどない。昔は労働組合に入っている人が多く、そのときはそれなりにサラリーマンの待遇もよかった。

しかし労働組合は、思想信条ばかりに重きを置き、肝腎の「サラリーマンの利益を守る」ということには非常に疎かった。理屈ばかりで実務能力に乏しかったのである。

その結果、日本の労働組合は、企業からはいいように切り崩され、サラリーマンからは見放された。

その後、サラリーマンを名称に冠した政党もいくつか出現したが、どれもサラリーマンの総意を代表するような勢力には至らず、結局、サラリーマンの意見を代弁する団体がほとんどなくなってしまった。

その一方でサラリーマン以外の業種の人たちは、税金を下げるために、ありとあらゆる手を尽くしてきている。

逆にいえば、サラリーマンは、税金に関して手を抜いているともいえる。

## サラリーマンの権利は薄弱なのに義務だけが大きい

「先進国のなかでは日本の税負担率は低い」

ということを政府はよく喧伝するが、これは正確ではない。確かに税負担率だけをとれば、イギリス、フランスや北欧諸国に比べれば、日本は低い。

しかし、単に名目上の税負担率だけを見て、日本の税金が安いと思うのは早計である。

日本の場合、税金や社会保険料自体はそれほど高くはないが、〝税金もどき〟〝社会保険料もどき〟がたくさんあって、それが異常に高いのである。

たとえば、NHKの受信料。これは、テレビを持っている人ならば、原則、だれでも払わなければならず、いってみれば「テレビ税」のようなものである。それが年間数万円もするのだから、相当な額である。

他にも税金もどきでは車検などが挙げられる。日本では車検を受けていない車は公道を走ることができないが、車検は10万円近くかかる。これも事実上の税金といえる。

さらに公共料金。日本は高速道路、電気料金、水道料金などの公共料金が非常に高い。これも税金もどきだといえる。

それやこれやを含めると、日本は相当な重税国といえる。

これらの税金をもっと減らせば、われわれは今と同じ所得でもかなり豊かな暮らしができるはずなのである。

また日本の場合、他の先進諸国よりも福祉制度が充実していない。税負担の割には、国民はその恩恵を享受していないのだ。

たとえば、今の日本では年金は25年間掛けていなければもらえないようになっている。25年間、年金に加入していなければ、掛けた金額は捨てることになるのだ。このような年金制度の不整備な国は、先進国のなかでは日本とアメリカくらいのものである。他の先進諸国は、だいたい10年前後年金を掛けていれば、受給資格が生じる。

税率の高い先進諸国というのは、労働者の権利もしっかり守られている。

日本も一応、労働者の権利はある。しかし、日本の場合、伝統的に労働者が真面目で会社に従う傾向にあるので、事実上、権利が放棄されていることが多い。

たとえば、有給休暇。

日本の労働法では、有給休暇の取得権が定められているが、これが実際に取得されているかというとかなりお粗末である。企業は年間15日以上の有給休暇制度を作っているが、実際に消化されているのは8日間だけである。こんな先進国はどこにもない。

また、育児休暇などの取得状況も非常に悪い。日本でも育児休暇の制度が法的に定められているが、これを実際に取得するのはかなり難しい。

日本の企業社会で、男性が育児休暇を取るなんてまず無理である。

現状では、よほどユニークな方針をもっている企業でしか、男性が育児休暇を取ることはできない。育児休暇を取った男性は非常に珍しいので、マスコミの取材を受けたりする。あなたの身の回りでも、育児休暇を取っている男性などほとんどいないはずだ。

また女性にしても、育児休暇が取りやすいとは、とてもいえない。

育児休暇制度が一応はあっても、暗黙の了解で結婚すれば退職することになっていたり、子どもが生まれれば退職することになっていたり、事実上育児休暇の制度がない企業も多い。

失業手当の支給なども、日本の場合は使い勝手が非常に悪く、長年働いて解雇されたような人の生活の保障になっているとはとても言い難い。

労働者の権利が十分に守られているかという点では、日本はまだ発展途上国だといえるのだ。

それにもかかわらず、税金だけは先進国並みに取られているわけである。

## 税金はいったい何に使われている?

税金が高くても、それなりに充実した市民サービス、社会福祉を受けられているのであれば、文句はないはずだ。

福祉が充実している北欧諸国では、相当な重税だが、国民は幸福感を感じているという調査もある。

しかし、日本の場合、税金に見合うほどの市民サービス、社会福祉は到底受けられていないのである。

日本の歳出のなかでは社会保障費が最も大きいので、日本は福祉が充実しているように感じるかもしれないが、それはまったくの勘違いである。

社会保障費に占める割合が最も高いのは医療費であり、年金などに充てられるのは微々たるものである。日本より高齢化が進んでいない西欧諸国のほうが、よほど年金に対して財源を割いているのだ。

では日本の税金はいったい何に使われているのか？

公共事業と公益法人である。

公共事業は小泉内閣になってから大幅に減らされたが、今でも他の先進諸国に比べれば、圧倒的に多い。公共事業がなぜ減らないかというと、公共事業は、建設土木業者にとっての事実上の「生活保護」となっているからだ。バブル崩壊後、十数年の間、日本は全国で大規模な公共事業を繰り広げてきた。それを請け負う業者たちにとって、公共事業はすっかり「飯のタネ」となってしまった。

また建設業界は、公共事業を受けた見返りとして、政治家にさまざまな形で献金をしてきた。政治家もそれを当たり前のように、あてにしてきた。与党、野党を問わず、建設業界に基盤を置く政治家は非常に多いのだ。

つまり、建設業界も政治家も、公共事業がすっかり「既得権益」になってしまったのだ。だから、公共事業を減らそうとしても、なかなか減らせないのである。

もう一方の公益法人は、これは公益事業を行うための法人である。たとえば、ドメスティックバイオレンスの相談機関などという名目で「家庭内暴力相談センター」(仮)などという公益法人が作られたりする。

公益法人は、営利事業としてはなかなかできない公益性のある事業、そして官庁や自治体もやらないような事業を行う、というのが建前である。もちろん、世の中には、そういう事業もたくさんあるし、公益法人というものがあったほうがいいには違いない。

しかし、そのあり方が非常に問題なのである。

一言でいうならば、公益法人はキャリア官僚の天下り先の温床となっているのだ。

キャリア官僚というのは、50歳そこそこで退職する慣習がある。同期の一人が事務次官にまで上り詰めたら、同期たちは全員退職する。それは、出世レースが終了したので、これ以上、官庁に留まることはないという意味もあり、後輩にポストを譲るという意味もある。

そして、50歳そこそこで辞めたキャリア官僚たちは、就職先を確保しなければならない。プライドの高い彼らは今さら頭を下げて一から苦労するつもりなど毛頭ない。そこで、自分たちのための就職先を、税金を使って作るのである。

彼らの公益法人の作り方はこうである。

まず、適当な社会問題などを見つけてきて、予算を確保する。先ほどの例でいえば「ドメスティックバイオレンス対策」として予算を申請するのだ。そして予算が下りれば、その予算を使う団体（公益法人）を作る。その公益法人に理事として、キャリア官僚たちが納まるのだ。

つまり日本の税金は、政治家、建設業界、キャリア官僚の利権として使われているために、無駄が非常に多くなっているのだ。

日本は、失業保険や生活保護など、いざというときのセーフティーネットがきちんと整備されていない。その一方で、特定の人たちが受ける「事実上の生活保護」だけが異常に発達している。税金が高いのに、福祉が発達していないのは、このためである。

## 完全に無税で生活するのは不可能

このように、今の税金は滅茶苦茶なのである。税金を払いたくない、なんとかして払わないですむようにしたい、というのは、人間の本性であるとともに、今の社会全体の意思の発露でもあるような気がする。

さて、次章以降では、具体的な「無税生活者」たちを紹介していくのだが、その前に彼らの状況について、前もって若干の説明をさせていただきたい。

「無税生活」「税金を払わないで生きている」といっても、まったく税金を払わないで生きていくことはできない。

生活していくうえでどうしても逃れられない税金もあるからだ。

今、われわれが払っている税金には、「直接税」と「間接税」がある。

直接税というのは、自分の所得や資産に応じて課される税金であり、自らが直接、納税することになっている。給料から天引きされている所得税、住民税というのは、この直接税にあたる。

間接税というのは、モノを買ったときやサービスを受けたときなどに、その値段のなかに税金が含まれている、というものである。消費税やガソリン税などがこれに該当する。

この直接税と間接税のうち、直接税は自分の努力次第で安くしたりゼロにしたりすることができる。直接税は、収入や資産にかかる税金なので、税金のかかる収入を減らすか、税金のかかる資産をもたないようにすればいいのである。

しかし間接税については、普通の社会生活をしていくうえでは逃れようがない。たとえば、日本で生活をしていて、消費税を払わないでいることは不可能である。

どこでモノを買っても消費税が含まれているので、消費税を払わないでおこうと思えば、何も買わない生活をしなくてはならない。自給自足をすれば可能かもしれないが、農機具や肥料にも、消費税がかかっているので、それも払わないようにするには、まったく原始人のような生活をするしかない。

海外に出て無税生活を送るという方法もあるが、まったく海外に行きっぱなしならばともかく、日本との間を行ったり来たりするならば、やはり間接税は払う羽目になる。

ということで、本書で紹介する税金を払わないで生きている人というのは、まったく税金を払っていないわけではないことをお断りしておく。ただし、普通の人よりもかなり少ない税金しか払っていない人のことである。

## 税金を払わない方法には4つのパターンがある

税金を払わないで生活している人には、大きく分けて4つのパターンがある。

1つめは、合法的に自分の税金を減らす（なくす）というものである。

たとえば事業者が会社を作って、節税方法を駆使するような場合や、サラリーマンが不動産を経営して税金を減らすような場合が該当する。この方法を使うには、それなりの節税知識が必要となる。

2つめは、合法的ではあるが、法の抜け穴をつくような行為や、世間の目をくらましての特権的な節税行為である。

白色申告者が適当な申告をしたり、金持ちが財団法人を作ったりするのがこのパターンに該当する。

3つめは、非合法的に自分の税金を減らす（なくす）方法である。これはいわゆる「脱税」である。

水商売の人が売上の一部を除外したり、お寺の住職がお布施の一部を申告せずに懐に入れてしまう、などという行為がこれに該当する。脱税というと、「特殊な人が行う犯罪」と思われているが、意外に多くの人も脱税をしていることがあるかもしれない。脱税を日常的にやっている人もかなりいるのである。

そして4つめは、税金をまったく無視するという方法である。

これも非合法な方法ではあるが、3つめの分類が一応、申告しているのに対して、この方法は申告をまったくしないところが違う。詳しくは本文で述べるが、実はこの方法が最も「無税生活」が成功しやすいものだったりする。

税金を払わない人というのは、社会のルールを守らない人というイメージがある。確かにそういう人も多い。脱税をしたり、申告をしない人というのは、まずもって遵法精神に乏しいといえる。

しかし逆に、合法的に税金を減らしている人というのは、法律にやたら詳しい人が多く、社会のルールを順守することに関しては、人一倍気を配る人も多い。

以前は、反社会的な人、左翼的な活動をしている人が、「税金を払わない運動」のような形で、無税生活を行うことが多かった。そういう人たちは、実利を得るためというより、社会に対するアピールで税金を払わない場合が多かった。

たとえば、わざと申告書をでたらめに書いて提出したり、また税務署の許可を得ずに酒を作って酒税を納めず、それをマスコミに公表したりしたのである。もちろん、こういう人たちは、税務当局の摘発などを受けるので、実質的にはなんの節税にもなっていない。

しかし、現在はそういう主義主張のための「無税生活」をしている人はあまりいない。単に自分の資産を守るために税金を払わない工夫をし、税務当局を挑発したりは絶対せずに、なるべく目に留まらないよう、税務当局の目をくらますような人が多い。より現実的で、実益的な「無税者」が多くなっているということだ。

## 税金豆知識①――税務署員は正義の味方か？

税務署というと、脱税を摘発する正義の味方のようなイメージをもつ方も多いだろう。税務署は、脱税をしている（おそれのある）納税者を調査し、脱税を摘発するというのが、仕事の一つでもある。悪徳納税者の悪知恵を見抜き、隠していた裏収入を暴く、映画などでときどき見られるシーンである。

確かにそれは、税務署員の一面ではある。

しかし、税務署員の本質というのは、ノルマに追われる営業マンと同じである。税務署の調査官は追徴税をどれだけ稼ぐかで、仕事が評価される。だから、必然的に追徴税を取ることが仕事の目的となる。

そして、税務署員には実質的には「ノルマ」がある。国税庁は認めていないが、現場の調査官には事実上のノルマが課せられており、税務の世界ではそれは暗黙の了解となっている。

私が税務署員だったころは、各人の調査実績（追徴税の額など）を表にして、職員全員が回覧していた。よく保険の営業所などで、営業社員たちの契約獲得者数が棒グラフにされていたりするが、あれと同じようなものである。

ノルマを達成できない税務署員は、どうなるか?

さすがにクビになることはない。しかし、上司や先輩からチクチクと嫌味をいわれたり、公然と叱責されたりすることもある。「お前は取ってきた追徴税が少ない」と言って、怒られるのである。

つい最近も、ある地方の国税局で、調査官が税務調査で追徴税を取ったように書類を偽造して、追徴税は自分で納付していたというような事件が起きた。一般の人からみれば「何を妙なことをやっているのだ」という感想にしかならないだろう。

しかし、全国の税務署員にとっては身につまされる事件だったはずだ。書類を偽造し、追徴税を自分で納めてまで、実績を残さなければならない。それが税務署員の真実の姿なのである。

# 1章
# 税金天国で暮らす人々

# 海外で無税生活を送る人々

## 海外居住者には日本の税金はかからない

税金を払わずに生きていくために、最近では海外に移住する人も増えている。

海外に住むと、原則として日本の税金はかからなくなる。

海外に居住している人の場合、日本からの収入がある人は、その収入にのみ所得税がかかることになっている。たとえば、日本に不動産をもっていて、その賃料収入がある場合は、その収入には税金がかかる。

しかし、日本からの収入がない人は、日本の所得税はまったくかからない。

ただし、海外居住者は、居住先の税法に従わなければならないので、その国の所得税を払うケースもある。しかし海外の所得税のほうが安ければ、その差額分だけ税金が安くなるのだ。

ほとんどの国で日本よりは税金が安いので、ほぼすべてのケースが節税になっている。

というより、海外に居住するような人は、税金のない国、安い国を選ぶわけなので、税金をほとんど払っていないのである。

海外居住者になれば、日本で所得税を払わなくていいだけでなく、住民税も払わなくてすむ。

住民税は住んでいる市町村、都道府県からかけられている税金である。住んでいないのだから、住民税を払わないでいいというのは、当たり前である。

住民税を払わないでいいというのは、けっこう大きい。住民税は、所得に対して一律10%である。これを丸々払わずにすむのである。

もちろん、海外での居住先で住民税を払わなければならないケースもある。しかし、日本ほど厳密ではないので、払わないですむケースや、日本よりもはるかに低い額ですむケースがほとんどである。

## シンガポールで悠々自適に暮らす元外資系証券マン

シンガポールで投資生活を行っているA氏の日常を追ってみよう。

元外資系証券会社に勤務していたA氏は、1億円ほど貯金ができた時点、40歳でリタイアし、シンガポールに居を移した。

A氏は、現在、貯金した1億円を元手に投資で生活している。投資の生活といっても投機的なことはほとんどせず、利率の高いシンガポールの銀行や、国営に近いような安全な会社の株を買って、その配当や利子で生活している。

月の収入は50万円ほどになる。シンガポールは日本より物価が安いので、生活するには十分すぎるほどの金額である。というより、日本では考えられないようなリッチな生活をしている。

そして、シンガポールでは税金がほとんどかからないのである。つまり月収の50万円は、丸々自分で使えるのだ。

シンガポールでは、キャピタルゲインには課税されていない。つまり株式や不動産投資でいくら儲けても、税金はいっさいかからないのだ。そもそもの税金自体が安く、所得税は最高税率で20%、法人税は18%である。

だからヘッジファンドのマネージャーなどがシンガポールに住んでいるケースも非常

に多い。

なぜシンガポールの税金が安いのかというと、国策として、海外の富豪や投資家などを誘致しようとしているからだ。投資家や富豪が、移り住んで多額の金を落としてくれれば、シンガポールとしては潤うからだ。

シンガポールに対抗して、香港でも似たような制度を敷いている。

こういう税金の安い地域のことを「タックスヘイブン」という。ケイマン諸島や南太平洋の小国に多い。これらの地域は、世界の逃税地域となっている。

## 住民票だけ海外に移す

海外に居住すれば税金が安くなる（ゼロになる）ということを述べたが、だれもが海外に住めるわけではない。特に、日本で働いている人が海外に住むなどということは、夢のような話である。

しかし、海外の税金の安さだけはなんとか享受したい、そういう人が行うのが、住民票だけ海外に移す、という行為である。

もちろん、住民票だけ海外に移しても、実質的に海外に住んでいなければ、日本で課税されるのが原則である。だから、住民票だけ移して、税金を逃れるという行為は脱税そのものである。

しかし、海外に住民票を移している人が、本当に海外に居住しているかどうかを調査するのは、なかなか手間がかかるものである。だから税務当局としては、海外居住者が実際にどこに住んでいるかというのをすべて把握しているわけではない。つまり、本当は日本に住んでいるのに、住民票だけ海外にある人をお目こぼししている例もけっこう多いと考えられる。

何千万円も納めるべき税金がある人ならば、税務署もきちんと調査するはずだが、数十万円程度の税金を逃れている程度ならば、税務署もそこまで手間はかけられない、ということが多いのだ。

また、実際に海外に住んでいるかどうかというのは、なかなか判定が難しい面もある。1年のうち何カ月かは海外に住み、残りは日本で住むというような人もいる。

そういう人たちが、どちらに住んでいるかは、原則として1年の半分以上住んでいる場所で決められるということになっている。

しかし、3カ所以上に住んでいれば、どこも1年の半分以下しか住んでいないということになるし、長期旅行者のように1年以上海外で生活しているけれど、生活の拠点は日本にある、というような人もいる。

また海外居住者の税金というのは、居住先の国との兼ね合いも生じてくる。海外居住者に対して「あなたは実際には日本で生活しているのだから、日本の税金を払いなさい」という指摘をすれば、その人は居住先の国では税金を払わないことになる。国際的な取り決めで、国家間で二重に税金は課せられないようになっているからだ。となると、居住先の国も黙ってはいない。「この人は、うちの国に住んでいるのだから、税金はうちに払うべきだ」となるのである。

実際に、そういうことでもめるケースは多々ある。

経済のグローバル化が進むにつれ、こういう問題はさらに大きくなっていくだろう。

# 定年退職者の海外移住組

## 第二の人生を無税で送る人々

節税のために海外に移住するのは、なにも資産家や投資家ばかりではない。

サラリーマンの定年退職組でも、海外に移住する人たちが増えている。彼らは、定年後を物価の安い国でのんびり暮らしたい、というのが主な動機だが、社会保険料や税金の安さに惹かれてというのもあるのだ。

定年退職して再就職しなければ、年金に対してはあまり税金がかからない。年金は税制上優遇されているので、給料の税金などよりはかなり税額が低くなるからだ。

しかし、定年退職者の生活に重くのしかかってくるのは、社会保険料である。定年してからも入らなければならない国民健康保険はべらぼうに高い。

国民健康保険は、実は、住民税のように全国一律ではない。各自治体が任意で決められるようになっているので、医療費に圧迫されている各自治体はこぞって国民健康保険を高く設定している。年金生活者であろうと、年間30～40万円払っているケースはざらにあるのだ。

年金生活者において、30～40万円も社会保険料を払うということはたまったものではない。だからこれを節減するためにも、海外に移住する人が増えているのだ。

### タイで豪勢な生活をする熟年夫婦

たとえば、定年後、海外に移り住んだK夫妻がいる。

夫はメーカーに40年勤務して、4年前に定年退職した。夫婦は海外旅行が好きで、毎年一度は必ず時間を作って海外に行っていたので、定年後は物価の安い東南アジアで暮らそうと決めていた。

K夫妻が選んだのはタイだった。

タイは気候もいいし、治安もいい。

また何より、非常に物価が安い。現地の人と同じものを食べるのなら、一食50円くらいですんでしまう。スーパーやデパートのレストランで食べても、500円も出せばかなりいいものが食べられる。日本食のレストランでさえ、日本よりも安いことがほとんどである。

「東南アジアは物価が安いけれど文化的水準の高い生活はできないんじゃないか？」と思っている人もいるかもしれない。しかし、それはあまりに国際情勢に疎《うと》い見方である。

東南アジアでも経済の発展している地域、タイやシンガポール、マレーシア、フィリピンなどでは、先進国と変わらない文化的水準の高い生活を送ることができる。スーパー、デパートはおろか、至るところにコンビニもある。

またタイは日本人も多く、日本のデパートやスーパーなども数多く進出している。

住む場所も、月5万円も出せば普通に清潔なサービスアパートメントを借りることができる。K夫妻の住んでいるところは、サービスアパートメントで月6万円。日本の2DKマンションくらいの広さがある。ホテルのような受付があり、セキュリティーも万全である。定期的に掃除などもしてくれる。ほとんどホテルに住んでいるのと変わらない生活である。

そういう生活をしていながら、月15万円もかからないのである。

年金生活者にとっては、まさに夢のような生活である。

### タイ式無税生活のカラクリ

K夫妻は住民票をタイに移しているので、日本の所得税や住民税はかからない。また、国民健康保険料もかからない。それだけで、年間100万円以上もの節約になる。年金生活者にとって、これはかなり大きい。

国民健康保険がなくても、医療費の心配をする必要はない。タイでは、医療費も非常に安い。ちょっとした風邪程度なら保険がなくても数百円ですんでしまう。また海外ロングステイ向けの保険にも入っているので、もし大きな病気をしても心配はない。

タイは、医療施設がけっこう充実しており、日本の病院以上の評価を受けている病院もある。また、日本語を話せる医者がいる病院もある。

住民票を海外に移した場合、日本での税金を払わなくてすむ代わりに、居住国の税金を払わなければならない。

しかし、K夫妻はタイでは消費税以外の税金は払っていない。

タイにも外国人に対する課税の制度はある。年間180日以上滞在する外国人は、タイの所得税を払わなければならない。日本の税金よりは安いが、無税ではない。

だから本来ならば、K夫妻も税金を払わなければならない。なぜ、K夫妻は税金を払っていないのか？

そこは、タイというお国柄が関係している。

というのは、タイは、日本ほど税務当局が厳しく税金についてチェックしないのである。特に、外国人はタイにとってはお得意様である。タイで事業をして、大々的に稼いでいる人ならば別として、年金暮らしの日本人などには、そう目くじらを立てることはない。

だからK夫妻が税金の申告をしていなくても、タイの税務当局からお咎《とが》めを受けることは、今のところないのである。

タイでは、日本人の定年退職者などの「誘致」に力を注いでいる。彼らは総じて金持ち（タイ人に比べれば）であり、日本で支給される年金をタイに持ち込んでくれるので、またとない外貨獲得の手段となる。

タイでは、日本の定年退職者向けに、リタイアビザを発行している。年齢60歳以上で、年金が月15万円以上の人には、特別なビザを発行してくれるのだ。滞在期間は90日となっており、簡単な手続きで延長できる。

東南アジアなどでは、タイのように日本人の定年退職者を「誘致」するために、さまざまな便宜を図っている国も多い。

このように、定年後、アジア諸国で無税生活を送っている人も多いが、問題点もやはりある。まず食べ物が合わなかったり、風土が合わない人にとっては、異国の生活は無理なようである。

また、親密になった現地の人と金銭関係などでトラブルになるケースも多い。日本人としては国際交流のつもりでも、相手先にとっては「金持ち外人」としか見ていないことが多いからだ。だから相手先の人との親密な交流を夢見ている人たちは、裏切られるケースも多いようだ。

しかしタイでは日本人のコミュニティーもたくさんあり、頻繁に会合や催し物が行われている。日本にいるときよりもむしろ、友人知人と接する機会が多いという人も多い。「物価の安い国で優雅に暮らす」ということをドライに捉えている人にとっては、夢のような無税生活のようである。

## 財団法人の逃税システム

### 財団法人という闇

昨今、財団法人の会計上の不正事件が、たびたび新聞やテレビなどで報道されている。２００７年には、財団法人「スケート連盟」が所得隠しをしたとして、東京国税局から追徴課税を受けている。また２００９年には財団法人「漢字検定協会」が多額の不正経理をしていたとして、社会問題にまでなった。

財団法人というシステム、一般の人には今一つわかりにくいものだろう。

財団というのは、民法34条に定められた公益法人であり、まとまった財産などを元手にして人材育成、芸術発展、技術開発などの公益事業を行う団体のことだ。

簡単にいえば、ある財産を社会のために役立てるように管理する団体のことである。

この財団法人は、実はさまざまな特権をもっており、節（逃）税の手段として利用されることが多いのである。

財団法人というのは、外部からの指導はほとんどない。つまり財団法人を作った場合、事実上、作った人の意のままになる。

財団法人は、収益事業をしていなければ税金はかからない。だから、税務署が彼らをチェックすることはほとんどない。これは非常に大きなことである。会計を厳しくチェックする人はだれもいないということになるからだ。

官公庁も一応、指導をすることになっているが、それは非常に甘いものである。税務署の調査と、他の官公庁の監査とでは、比べものにならないほどチェックの厳しさが違う。

税務署は会計の専門家が、何日もかけて厳重なチェックをするのに引き換え、官公庁の監査は会計の素人が一回数時間程度おざなりの監査をするだけである。だから税務署の調査が入らなければ、内部の経理は「やりたい放題」ということになる。

## とある財団法人の実態

ここで、財団法人とはどういう構造になっているのか、とある財団法人を例に説明しよう。

財団法人T。ここは、上場企業のメーカーM社の創業者が、日本の機械産業の歴史を紹介するという目的で作ったものである。昔の機械産業を紹介する博物館があり、その運営を主な活動としている。

この財団法人Tは、もちろんM社の創業者の数十億円の寄付によって作られた。「数十億円の寄付によって作られた」というと、非常な善行のように思われるかもしれない。しかし、事実はそんなきれいごとではない。

もし寄付をしなければ、メーカー創業者の遺族は莫大な相続税を払わなければならないところだった。財団法人Tを作ったことにより、莫大な相続税から逃れることができたのだ。そして、財団法人Tの理事長には、メーカー創業者の息子がおさまっている。つまり、財団法人を使って遺産を相続したようなものである。

M社は、「モノづくり日本」を代表するような企業である。戦後の町工場からスタートし、日本の経済発展を支えてきた。今では世界を股にかける国際企業に成長している。

M社の創業者は、職人上がりで実直な人間である。会社を息子に譲ることを潔《いさぎよ》しとしなかった。息子が凡庸であることを知った彼は、無理に息子に継がせて会社を潰してしまうことを恐れた。

そこで、自分の最も信頼のおける部下に会社を託し、息子には別の道を歩ませることにした。

しかし、自分の築き上げてきたものを息子に何もやらないというのも、もったいない気がする。なんとかして自分の財産を息子に委譲する方法はないものか……。

経済団体の会合で知り合った、ある財閥系企業の経営者にその話をすると、「財団法人」の仕組みを教えてくれたのである。一代で成功したM社の創業者は、自分の資産管理などに疎《うと》い。

しかし、何代にもわたって財産を維持してきた世襲経営者には、資産管理に長《た》けた知恵者が多い。彼らのところには、優秀な財産管理の専門家が集まり、さまざまなノウハウを授けてくれる。

財団法人を作ることも、資産家の間ではごく普通に行われてきた節税システムである。
財団法人Tは、理事長に対して高い報酬を払っている。博物館の職員も、ほとんどが理事長の親族である。また財団法人Tは高級車を所有しており、当然のように理事長が使っている。

財団法人Tには、メーカー創業者の息子以外にも一応理事はいる。しかし、創業者の息がかかった人しかいないので、事実上、息子の意のままなのである。

そして財団法人Tは、博物館の運営以外の活動はほとんど行っていないので、収益事業もない。そのため、法人税を払う必要がないので、税務署に申告する義務、会計報告する義務はない。

このように、財団法人Tというのは、メーカー創業者の資産を財団法人という経路を使って、一族に無税で分配しているだけの存在なのである。

また、資産家のために財団を作るプロフェッショナルもいる。彼らは官公庁と特別のコネクションをもっているので、認可を取って新しく財団を作ったり、新設ができない場合は既存のものを「買収」したりもするのだ。

財団は公的なものなので本来は「買収」などはできない。しかし既存の財団の理事長や役員などに、多額の退職金を出して辞めてもらうことで、事実上、買い取ることはままある。

大企業の創業者などが、財団法人を作ることが多いのは、こういう理由があるのだ。

## タックスシェルターに逃げ込む金持ちたち

### 節税ビジネスの存在

この世には「節税ビジネス」なるものが存在する。

節税ビジネスとは、税理士業務のことではない。税理士も、確かに納税者に節税方法を教えるのが仕事である。しかし、税理士というのは一個人であり、企業の経理をいじる以上の仕事はできない。

税理士業務ではなく、ダイナミックな節税のためのスキームを開発し、それを支援するのが節税ビジネスである。

たとえば、最近よく話題になるタックスヘイブンにも節税ビジネスがある。節税ビジネス業者は、富豪や企業をタックスヘイブンに導く手助けをするのである。タックスヘイブンに会社を作ったり、資産を移したりするための手続きいっさいを引き受ける。現地の弁護士とも提携し、法律的な裏付けを万端に整える。

そういう節税ビジネス業者が、この世にはたくさんあるのだ。

節税ビジネス業者は、経営コンサルタント的なものばかりではない。保険会社や証券会社が節税ビジネスを行うことも多々ある。

保険会社や証券会社が、どうやって節税の手助けをするのか？

節税のための金融商品を開発し、販売するのである。節税のための金融商品とは、それを買えば節税になるという金融商品である。「タックスシェルター」ともいわれている。

その仕組みを簡単にいえば、次のようになっている。

ある金融商品を買うと、それは会社や事業の経費に計上することができる。でも、それは経費として消えていくものではなく、実は蓄財されて残っていくものになっているのである。

## 生命保険に入れば税金が安くなるという不思議

タックスシェルターの主なものに生命保険がある。

会社が社長に生命保険を掛けた場合、原則として会社の経費に計上することができる。

生命保険には、死亡したり入院したりしたときに受け取る「保険部分」と、満期になったり解約したりしたときに受け取る「貯蓄部分」がある。会社が生命保険をかけた場合、「保険部分」は会社の経費にできるが、「貯蓄部分」は経費にできない。

そこに目を付けた生命保険会社は、表面上は「保険部分」しかないが、事実上、貯蓄となる生命保険を開発したのだ。

これは表向きはただの生命保険だが、解約返戻《へんれい》金が異常に高いのである。5年めあたりに解約すれば、掛け金の9割以上が戻ってくることになるのだ。つまり、生命保険の名を借りた「貯蓄商品」である。

通常の貯蓄型生命保険のように「満期返戻金」という形ではなく、「解約返戻金」という形で、貯蓄したお金を返す仕組みにしておけば、税務当局に対して「これは満期返戻金はないので、貯蓄型の生命保険ではない」という言い逃れができる。

たとえば、この生命保険に加入し、年間500万円の掛け金を支払うとする。その500万円は会社の経費に計上することができるので、会社の利益を500万円分減らすことができる。

しかしこの500万円は、事実上、貯蓄として形成され、5年後には返還される。つまり、会社の利益を減らしながら、貯蓄するということなのである。

生命保険の掛け金が5年後に返還されるとき、その返還金は会社の収益に計上しなければならない。経費で計上したものをまた収益として計上するのだから、プラスマイナスはなくなり、長期的な意味では会社の利益を減らすことにはならない。だから、一度、税金が安くなっても、5年後にはその分の税金を払うことになり、理論的には本当の節税にはならない。

しかし、税金の世界では、「一時的にしろ、税金を逃れる」ということは、非常に大事なことなのである。会社、事業者は、だいたい普段から節税を心がけている。普段通りの経営状態であれば、税金でダメージを受けることはあまりないのだ。

会社や事業者が、税金でダメージを受けるときというのは、急に業績が上がったときである。

想定していたよりも多くの利益が上がったとき、税金は思わぬ高額になる。せっかく業績が上がっても、現金が入ってくるのはまだ先、しかし税金はしっかり払わなければならない、そういうときが会社や事業者にとって、一番痛いのだ。

節税は時間をかけられるのなら方法はたくさんあるが、急に税金を減らすという方法はなかなかない。脱税のほとんどは、そういうケースのときに行われる。

そういうときに、一時的にせよ税金を回避することができれば、会社や事業者にとっては非常に助かる。一時的に税金を逃れて、後はじっくり節税策を施せばいいのだ。だから一時的にせよ、税金を安くできるタックスシェルターは非常に重宝される。

もちろん、税務当局としては、こういうタックスシェルターは目の上のたんこぶである。タックスシェルターが発達しているアメリカでは、新しいタックスシェルターが開発されたら、その開発業者は税務当局にお伺いを立てなければならないようになっている。税務当局の許可が出たものだけが、販売できるのだ。

しかし、日本にはそういう制度はない。現行の法律にさえ従っていれば、制限なく開発、販売ができる。

タックスシェルターは、販売された時点では合法的になっているため、税務当局は手出しができない。そこで、税務当局は、タックスシェルターが無効になるような法律を作ることで、タックスシェルターを撲滅させようとするのだ。

しかし、税務当局が新しい法律を作っても、節税ビジネス業者はさらにその抜け穴をつく新しいタックスシェルターを作る。現在も、そのいたちごっこが続いているのである。

### レバレッジドリースで税を回避する

生命保険の他にも、タックスシェルターは存在する。

一人の事業家がタックスシェルターを使って、税金を逃れるさまをここで紹介しよう。

健康食品をネットで販売しているT氏である。T氏はその語学力を生かし、海外から売れそうな健康食品を探してきては、ネットで紹介販売する事業をしていた。

例年、年収400〜500万円で推移していたのだが、ある年、ダイエットに効果がある紅茶の商品がヒットし、3000万円以上の年収を上げた。

このままでは高い税金を払わなければならない。

そこでT氏は、ネットなどでさまざまな節税方法を探し、あるタックスシェルターに行きついた。

それは、レバリッジドリースという「金融商品」だが、これを買うと税金が安くなるという不思議なものである。

T氏が購入したレバレッジドリースは、船舶や航空機を債券化したものである。この債券は、建前上は購入者が自分で船舶や航空機のリース業を行う、ということになっていた。つまり、船舶、航空機のリース事業を、債券化し、購入者が共同で事業経営を行うという名目になっていた。

名目的には事業経営なので、もし赤字が出れば、税務申告でその赤字を申告できる。

船舶や航空機などの大型物件のリース事業は、開始当初はリース収入よりも、減価償却費のほうが上回り、赤字になることが多い。

減価償却費は、初めにたくさん計上できることになっているので、事業開始から数年間は、帳簿上は赤字になるのだ。

この赤字は、他の所得から差し引くことができる。

20トン以上の船舶または航空機の貸付は、不動産所得ということになる。不動産所得の赤字は、他の所得、たとえば給与所得と通算できることになっている。

T氏の場合は、健康食品販売で儲かった利益を、このレバレッジドリースの赤字で差し引くことができるわけだ。

でも赤字が出ているといっても、実際に損をしているわけではない。減価償却のマジックで、一時的に赤字が出ているだけで、リース事業は順調に運営されている。債券として、きちんと利息がつくようになっており、実質的には普通の金融商品と何ら変わりはない。

ちなみに現在では、この金融商品は税務当局が作った新しい法律により、骨抜きにされ節税効果はほとんどなくなっている。リース事業の経営に事実上参加していなければ、赤字の計上は認められない、ということになったのだ。

しかし、T氏が税金を安くしたかったのは、ダイエット紅茶が当たった1年だけだった。その1年だけが突発的に利益が跳ね上がったので、その年だけの節税ができれば十分なのだった。

税務当局が作った新しい法律も、過去にさかのぼってまで遡及されないので、T氏は目的を果たしたといえる。

こういうタックスシェルターは、金持ちの間ではけっこう広く出回っている。世間一般にはあまり知られていないが、証券会社や保険会社の担当者が、金持ちだけに教えるのである。

あなたがなけなしの収入から高額の税金を払っているとき、あなたの知らないところで金持ちたちは、税金を払わない算段を繰り広げているのである。

## 億万長者たちの逃税術

### 金持ちは税金で二度悩む

ここまで、無税生活をしている者たちを追ってきたが、彼らは収入にかかる税金をいかにして逃れるか、ということに心血を注いできた者たちである。

しかし、税金というのは収入にだけかかるものではない。一定以上の資産を持っている者は、死んだときに遺族に対して相続税がかかるのである。

だから金持ちは、税金で二度悩まなければならない。一度めは、収入を得たとき、そして二度めは、自分が死ぬときである。

したがって金持ちの税金対策というのは、収入に対する税金をいかに抑えるかということと同時に、自分の資産をどう管理するか、ということでもある。

相続税は、一定以上の相続財産を受け取った遺族にかかる税金である。税率は、受け取った資産の額によって段階的に設定され、10%から50%までである。

5000万円プラス相続人数×1000万円の基礎控除があるので、最低でも相続人が1人の場合6000万円の控除になり、それ以上の遺産がある場合にしか相続税はかからない。相続人というのは普通、数名いるし、基礎控除の他にもさまざまな控除があるので、事実上1億円以上の資産がないと相続税は発生しない。

また住居などは、課税対象としての見積もりが大幅に減額されるので、住居以外の資産が億単位もあるような相当な資産家にしかかかってこない税金である。

「それだけの金を持っているのなら税金を払ったっていいじゃないか」

とわれわれ庶民は思うものである。

しかし、大きな金を持っていれば持っているほど税金を払いたくないという心情になるらしく、彼らは血眼になって節（脱）税工作をする。

相続税を減らすには、いかに自分の資産を家族に移すかということに尽きる。自分だけが資産を持っていれば、死んだときに莫大な相続税が発生する。だから、資産をなるべく家族に分散しておくのである。

しかし、税法というのは、おいそれと資産の分散はできないようになっている。

家族同士でも年間110万円以上の贈与があれば、贈与税が発生する。だから、合法的に家族に資産を移そうと思えば、年間110万円しか移せない。億万長者にとって、それは何の足しにもならない。

だから、法律ぎりぎり、もしくは逸脱した方法で、資産を移すことが多いのだ。以前から知られている資産家の節（脱）税方法に、偽装離婚がある。

離婚したときの慰謝料というのは、税金がかからない。だから、わざと離婚し、自分の資産を半分、妻に譲るのである。しかし、この方法はもちろん脱税である。また社会的地位もある金持ちにとって、偽装離婚というのは、なかなか踏み切れないものでもある。

そして昨今、にわかに億万長者たちの注目を集めているのが、タックスヘイブンの存在である。

## タックスヘイブンに資産を移す

資産家H氏のケースを見てみよう。

アクセサリーの通信販売で成功したH氏は、20億円以上の資産を持っている。現在、60代後半、そろそろ相続税対策をしなければならない年齢である。家族は妻と子ども1人。だから法定相続人は2人ということになり、基礎控除は7000万円ほどにしかならない。

知り合いの経営コンサルタントに相談したところ、おもしろいことを教えてくれた。バヌアツ共和国に銀行口座を作り、そこに資産を移せばいい、と。

送金は1回につき100万円ずつくらいにしたほうがいい。1回に200万円以上の送金をすれば、銀行は税務署に通知しなければならない。しかし、200万円以下ならば、それはないので税務署に知られずに送金することができる。

また、短期間で集中的に送金するのではなく、なるべく長期にわたって分散して送金するようにともいわれた。

この経営コンサルタントは、キワドイ節税策、つまり脱税もどきの行為を指南するサービスをしている。金持ちの間では、こういう存在は重宝されるのである。

H氏はいわれたとおりに、バヌアツに銀行口座を作った。

南太平洋に浮かぶ島国バヌアツ共和国は、タックスヘイブンといわれる国の一つである。

タックスヘイブンというのは、極端に税金が安くなっている（ほとんど無税の）国、地域のことである。カリブ海地域のケイマン諸島やバミューダ諸島、香港やマカオなどが有名である。これらの国は、外国企業や外国の資産家を誘致するために、わざと税金を安くしているのである。

この税金の安さに惹かれて、ここに本拠地を移す企業なども多い。ヘッジファンドの多くも、ケイマン諸島などに本籍を置いている。

だからH氏が、バヌアツに資産を移した場合、利子にはほとんど税金がかからない。また、タックスヘイブンは税金が安いだけではなく、資産に関する秘密保持が徹底されている。タックスヘイブンの国々は、他国との個人資産情報の開示協定を結んでいないことが多く、日本政府が日本人の資産を見せろと要求してもなかなか見せてはくれない。スイスなどと似たような特徴をもっているのだ。

H氏の知り合いが指南した最大のポイントがこの点である。

タックスヘイブンに資産を移してしまえば、日本の税務当局はなかなかそれを把握することができない。つまり、バヌアツに持ち金を全部移せば、それは相続税から逃れられる、ということである。これはもちろん脱税である。

「タックスヘイブンに資産を移せば脱税しやすい」

というのは、ある面では事実である。相続税の脱税を摘発するには、資産の総額を明確につかまなければならない。資産がタックスヘイブンにあれば、日本の税務当局としてはそれを把握することは難しい。

かといって、税務当局がまったくこの脱税方法に手を出せない、というわけではない。タックスヘイブンに送金する前の資産をある程度把握し、脱税の証拠を握っていれば、犯罪性のある資産としてタックスヘイブンの政府に開示を請求することもある。

また昨今の税務署は、海外の資産隠しの摘発に力を入れ、国際税務の専門家を多数養成している。

2008年度の国税庁の税務調査では、相続税の申告で海外資産の申告漏れの発見額が、過去最高の308億円（前年度の2倍）に達している。

タックスヘイブンに資産を移しさえすれば、必ず脱税できるということではないのだ。H氏はまだ存命であり、相続税の申告はされていない。彼の脱税策が成功するか否かは、彼の死後にしかわからない。

## 税金豆知識②──「不正」でない脱税があるの？

企業や有名人などが税金をちゃんと納めていなかったとして、ニュースになることがよくあるが、これらのニュースでは「脱税」として報じられるものと、「課税漏れ」として報じられるものがある。

この違いはいったい何なのだろうか？

実は、税金をちゃんと納めていない（税務申告の誤りの）場合、２つのケースがある。「不正」と「不正でないもの」だ。

不正というのは、わざとあるものを隠したり、ないものをでっちあげたりして税金を操作することである。「不正でないもの」というのは、うっかりミスや税法の解釈誤りのために申告漏れとなったものだ。

では、具体的にはどういうものを指すのか。

税法では、不正は「仮装隠ぺいなどをすること」となっている。仮装というのは、帳簿や証票類を書き換えたり、偽造したりすることだ。隠ぺいはその名の通り、隠すことだ。

仮装には、偽の領収書を作って経費を水増ししたり、本当は雇っていない人を雇っているような細工をして架空の人件費を作ったりする方法がある。

また隠ぺいというのは、売上金をそのまま隠してしまう、というようなことだ。売上の一部を帳簿につけずに、別保管したり、隠し口座に入金したりするわけだ。

同じ申告誤りでも、「不正」と「不正でないもの」の間には大きな違いがある。まず、納める追徴税の額が違ってくる。「不正でないもの」が発見された場合、新たに納付すべき税金は10％割り増しになる。これは過少申告加算税というものがかかるからだ。

一方、「不正」が発見された場合、新たに納付すべき税金は35％の割り増しになる。過少申告加算税よりも重い重加算税というものが課せられるからだ。

たとえば、申告誤りをしていて１００万円の税金を新たに納めなくてはならなくなった場合。これが「不正でないもの」ならば、１１０万円の追徴税ですむ。しかし、これが「不正」だったなら１３５万円の追徴税を払わなくてはならない。

また「不正」は、その金額が多額になった場合、脱税として起訴される。逃れた税金がだいたい１億円以上だった場合、起訴されるとされている。つまり、脱税という犯罪は、「税務申告の不正額が大きいもの」ということがいえるのだ。

# 2章
# 強引に税金を払わない人々

## 白色申告という強力アイテム

### ある白色申告者の話

果物店を営んでいるMさんの話である。

この果物店、国道沿いにあり、けっこう繁盛している。田舎の国道を走っていると、スイカやミカンなどを大量に並べている果物店に出くわすことがあるはずだ。この果物店もその類いである。

店舗は、露店に屋根をつけたような簡単な作りだが、安さと新鮮さが人気を呼んでいるようだ。また国道沿いなので、車で来た客が一度に大量に購入していく。

この果物店はMさん夫婦と息子夫婦でやっている。

Mさんは農家の次男で、農家を継がずに果物店を開いた。実家や、実家の近隣の農家から、果物を大量に安く仕入れている。それが、この店の繁盛の源のようである。

この果物店、店舗自体は貧弱だが、金回りは非常にいい。年商は3000万円ほどあり、実質的な収入は1500万円以上にはなると思われる。

3トントラックを所有している他に、自家用車としてクラウン、息子はBMWに乗っている。そして一家で2世帯住宅のごっつい家に住んでいる。

しかし、税金は驚くほど安い。

Mさんが20万円ほど払っているだけで、妻や息子夫婦はまったく払っていない。妻や息子夫婦は申告さえしていないのだ。ただ、これはいわゆる「無申告」ではない。法律的に申告の必要がないのである。

特に息子夫婦の無税生活はすごい。

息子夫婦は、夫が30歳、妻が28歳、そして3歳の子どもがいる。この夫婦は無所得の扱いになっているので、福祉上のさまざまな恩恵を受けている。国民健康保険も最低額だし、子どもの保育所の料金も無料のように安い。

しかし、この息子夫婦、実際には無所得ではない。父親からちゃんと給料というか小遣いはもらっているので、普通の夫婦以上の贅沢な生活をしている。子どもは人気ブランドの服を着て、毎週、一家そろって外食をしにいく。

なぜ、このようなことになっているのか？

それは、この果物店が白色申告をしているからである。

白色申告をしているために、妻や息子夫婦は申告さえしなくていい、ということになっているのだ。

## 白色申告とは何か？

事業者の所得税の申告には、「青色申告」と「白色申告」の2通りがある。

青色申告というのは、記帳をきちんとすることなどを条件に、税制上の特典が受けられる制度である。税務当局は、青色申告をすることをすすめており、青色申告を普及させるための「青色申告会」という団体さえ作られている。

逆にいえば、青色申告を選択しなければ、記帳はきちんとしなくてもいい、ということになる。

収入がガラス張りのサラリーマンからみれば信じられないことかもしれないが、事業者のなかには記帳がデタラメだったり、領収書などの証票類をほとんど整備していない

(残していない)者がたくさんいる。

そういう人たちはどうやって税務申告をするのかって?

〝適当〟にするのである。

「今年はいつもより儲かったから、このくらい払っておくか」

「去年はこのくらい税金払ったから、今年もだいたい同じくらいにしておくか」

というような感じである。

サラリーマンからしてみれば、なぜそういうことが許されるのか、不思議に思うだろう。

しかし、これは現実にあることなのだ。

毎年3月は確定申告の時期である。

確定申告というのは、個人事業者などが行う所得税の申告である。

この確定申告では、税務署内にプレハブの会場が作られ、申告相談会が催される。この申告相談会場では、自分では申告書を作れない人が大勢訪れ、税務署員や税理士の助けを借りながら、申告書を作るのである。

自分で申告書を作れない人たちは、領収書などの証票類もまともに残していないことが多い。そんな人たちの申告書をどうやって作るのかというと、税務署員が「今年の売上はどうでした？」というような聞き取りをして、〝適当〟に作るのである。

税法では、申告は真実の数値に基づいて行わなければならないことになっている。しかし、それを適用できない人も多いのである。

Mさんも、証票類はほとんど持たずに税務署で申告をしている。毎年20万円程度の税金を払っているので、「今年も去年と同じくらいしか儲からなかった」といえば、税務署員も例年どおりの申告書を作らざるをえない。

Mさんは最初から、「税金をごまかしてやろう」とか「税金でいい思いをしてやろう」と思っていたわけではない。果物店を始めた当初、何もわからずに税務署に申告に行った。そのとき、Mさんは領収書や帳簿の類いはいっさい持っていなかった。税務署員はMさんに簡単な聞き取りをした後、「では30万円くらい税金を払ってもらえますか？」と聞いてきた。30万円くらいなら払えない額ではなかったが、モノは試しとばかりに、「もう少し安くならんかい」と言ってみた。すると、税務署員はあっさり「では20万円ならどうです？」と答えた。それで、Mさんは20万円の税金を払うことにしたのである。

Mさんとしては、税金がこんなに簡単に決まるとは、しかも負けてくれるとは、非常に意外な感じがしたが、その後はこの額以上は絶対に払わないことにした。

Mさんは、今では自分が本来払うべき税金よりもかなり少ない額しか払っていないことに気づいている。でもせっかくなので、この申告を続けているのだ。

最近になって、税務署が「きちんと帳簿をつけるように」とか、「この方法でいつまでも申告されては困ります」とか、「青色申告にしたほうがいいですよ」ということを言ってくるようになった。

しかし、Mさんは今の申告が楽なので、申告方法を変えるつもりはない。

## 白色申告の恐るべき実態

領収書も残していない、記帳もまともにつけていない、そういう人が概算で申告をするとき、どういうことになるのか？

人情として税金はなるべく払いたくないもの。証拠も残っていない。となれば、実際よりもかなり少なく申告してしまう。

しかし税務署は、その事業者に毎日張り付いて売上をチェックしているわけではないので、あまり強いことはいえない。

あまりにも申告額が少なければ、「もう少し税金を払ってくださいよ」などということもあるが、事業者のほうが「うちは本当にこれだけしか儲かっていない」と言い張れば、対抗する手段はほとんどない。何千万円も税金をごまかしているのなら、税務署としても徹底的に調査するだろうが、規模的にそれほど大きな追徴税が見込めないような事業者に対しては、「おかしいな」と思いつつも目をつぶるということがままあるのだ。

また白色申告には、さらに強い「武器」がある。

それは、家族の収入である。

白色申告では、家族が事業を手伝っていても、給料を一定額しか払うことができない。青色申告ならば、家族に対して給料を払っていれば、それが全額経費として認められるが、白色申告にはその特典がないのだ。

これを逆にいえば、白色申告事業者の家族は、いくら給料をもらっていても申告しなくていいということになる。だから家族は、無収入の状態になるわけである。Mさんの妻や息子夫婦が、実際には給料をもらっているのに無所得扱いになれるのは、この白色申告の欠陥のおかげなのである。

税務署が青色申告をすすめるのは、実はこういう〝適当な申告〟をやめさせたいためでもある。しかし、これまで記帳や経理をきちんとしたことのない事業者に、それを強要することは難しい。もしそれを強要すれば、申告をしない人が大勢出てくるからである。

これが、日本の税金の一側面でもある。

## 申告をしない人々

### 無申告の人

サラリーマンには信じ難いかもしれないが、自営業者や会社のなかには、税務申告をしていない者もけっこういる。

税務申告をしないとどうなるか？

当然、税金は払わない。

たとえば、こういう会社があった。

中古車販売で全国展開をしているD社。この会社は、創業以来20年近く税金の申告をしていなかったのだ。それを税務署が発見し、課税することにした。

20年の間、逃れた税金は数千万円とも数億円ともみられている。記録が残っていないので、正確な額はわからない。

税務署は、過去にさかのぼって追徴課税したが税金の時効は7年なので、残り13年分の税金は徴収できない。まさに「逃げ得」ということなのである。

税金の申告をしなければならないのに、していない事業者、無申告の者は全国で数万者いるとも数十万者いるともいわれている。

なぜ、そういう人（無申告者）がいるのか？

なぜ、そういう行為が可能なのか？

不思議に思う人も多いだろう。

これは日本の税制システムの欠陥ともいえる部分なのである。

日本の税制は、申告納税制度というシステムをとっている。納税の必要がある人は、自分で申告して納税しなければならない、という制度である。つまりは、納税というのは、納税者の自主性に任せられているのだ。

サラリーマンの場合は、会社に入社した時点から、会社が税金の申告を代行してくれるので気づかないが、納税というのは本来、自分で申告しなければならないものなのである。

自分で申告しなければならないということは、逆にいうと、他人から強制されることがないので、申告しなければそれですんでしまう場合もあるのだ。

もちろん自主性に任されているといっても、事業をやっている人は納税の義務がある。申告をしないということは、違法行為でもある。しかし税制システム自体が、納税者の自主性を基本としているので、「申告をしない人」に対処する方法があまりないのが実情である。

## 無申告は税務署の盲点

無申告がなぜこれほど多いか、というと、無申告は税務署の盲点になっているからでもある。

税務署というのは、納税者が提出した申告書に誤りがないかどうか、ごまかし(脱税)がないかどうかをチェックする機関である。もし、申告書に不審な点があれば、税務調査を行い、是正する。悪質な納税者に対しては強制的に調査をし、脱税で起訴をすることもある。

この税務署の仕事というのは、「申告書が提出される」ということが前提となっている。

提出された申告書をチェックするわけなので、申告書が提出されなかったら、仕事のやりようがないのだ。無申告者というのは、申告書を提出していないので、税務署の仕事の対象外ということになる。

もちろん、税務署としても、無申告を野放しにしているわけではない。無申告は違法行為なので、税務署としてはなんとしても摘発したい。

しかし無申告の場合、「どこにいるのか?」ということさえわからないのだから始末が悪い。

納税者というのは、事業を始めた場合、まず「事業開始届」というものを税務署に提出する。税務署はそれを見て「ここに、こういう事業者がいるのだな」ということを把握するわけだ。

しかし無申告者は、もちろん事業開始届出などを出すはずがない。だから、税務署はその存在自体を把握できない。

税務署が無申告者を摘発しようと思えば、風聞などを頼りに「事業をしているのだけど申告していない人」を探すしかない。

また無申告者という者は、仮に摘発できても、利益を上げている者が少ない。ほとんどの者は、なんとか食っていけるくらいの金を稼いでいるだけである。そういう連中をもし見つけたとしても、徴収できる税金というのはわずかなものである。

世の中には、他に儲かっている人がたくさんおり、税務署としては、そちらを優先的に調査したいものである。税務署の仕事はなんといっても、税金をたくさん取ることなので、税金を多く取れるところを重点的にしたいのだ。

となると必然的に、無申告者の摘発というのは、おろそかになってしまう。

これが、無申告者が多い大きな要因となっているのだ。

## 無申告者の実態

申告をしない人というのは、やはり特殊な人である。

税金の申告をしないということは、デメリットも非常に多い。納税証明などが受けられないので、公的機関や銀行などの融資はまず受けられない。

事業者団体などに加入することも難しい。事業者団体というのは、税務署との会合をすることもあるので、税金を納めていなければ税務署と顔合わせすることはできないからだ。

また事実上、社会保険にも入ることができない。「社会保険に加入するには、税金を納めていなければならない」というような条件はないが、税金を払っていないのに、役所に出向いて社会保険の手続きをする者はまずいない。

社会保険に入っていないということは、従業員の待遇に問題が生じるので、まともな従業員は得られない、ということになる。

このように、無申告の場合、きちんと商売をしていこうというときにはデメリットが大きいのである。

だから無申告者というのは、普通の社会活動には関わらないでやっていく人がほとんどである。最も多いのが、違法行為関係の人である。

闇金とか、違法エステなどは、その商売自体が違法なので、申告なんかすれば、当局に摘発されてしまう。

ちなみに税法では、違法行為で稼いだ金であっても、税務申告の義務がある。麻薬の売人でも、売春でも、その収益に対して税金がかかることになっている。

また行商など、小さな商売をやっている人が「面倒くさいので申告していない」というケースもままある。

# 開き直って税金を払わない建設業者

## 税金は話し合いで決められる

普通のサラリーマンにとっては、その人が払うべき税金というのは1円単位できっちり決められているもの、というイメージが強いだろう。サラリーマンは、会社から給料をもらう前に、1円の不足もなく税金が天引きされるからだ。

しかし、税の世界においては、税金の額が必ずしもきっちり決められていないこともままある。

筆者は元国税調査官である。国税調査官というのは、企業や個人の税務申告が正しいかどうかを調査する仕事である。その仕事のなかで、こんな納税者に出くわしたことがあった。

その納税者とは建設業者H氏。現場監督上がりで、声が大きく、野性味あふれる経営者だった。

H氏の申告書を見たところも、どうもおかしい。情報では売上はそこそこ上がっているはずなのだが、申告書では利益がまったく出ていない。つまり、税金はゼロなのである。

これは、申告をごまかしているか、いい加減な申告をしているという可能性が高い。

そこで、H氏を税務調査することになった。

H氏は、私の顔を見るなり、こう言い放った。

「オレは金がないから、税金は払えん」

もちろん、税金というのは、払えなければ払わなくていいという類いのものではない。収入に見合った分だけ払わなければならないものである。

当然、私は説得を試みた。

「Hさん、あなたの会社では今年100万円くらいは利益が出ているはずです。だから少なくても20～30万円くらいは税金がかかるはずです。なのに、ゼロというのは、おかしい。申告を修正していただかなくてはなりません」

「そんなこと言っても、払えるような金はない。全部、調べていいぞ。事務所にも家の中にも、そんな金はいっさいない」

このH氏という人物、典型的な職人気質で、もらった金はすぐに使い切ってしまうらしい。金が入れば、従業員を連れて飲み歩いたり、パチンコや競馬に使ってしまう。だから、そこそこ儲かっているはずなのに、ほとんどお金は残っていない。むしろ消費者ローンの借金まである始末である。

税務署としては、こういう経営者が一番困るのである。

お金がないので税金を見逃すなんて、建前としては絶対にそんなことはできない。しかし、金がないのに追徴税をふっかけるのも、これまた厄介なのである。

というのも、追徴税を課すならば、税務署としてはその追徴税を必ず取り立てなければならない義務が生じる。追徴税が課されているのに、未納のまま放置することはできないからだ。

だから、もしH氏が税金を払わなかった場合、税務署は再三再四、彼のもとを訪れ税金を払うように催促しなければならない。金目のものを差し押さえるという手もあるが、それは人道上の問題もあって簡単にはできない。しかも、H氏が金になるようなものを持っているかどうかも疑問が残るところである。

その作業にかかる税務署員の人件費を考えると、取り立てる税金の額をはるかに超えてしまうだろう。

つまり、H氏に下手に税金を課してしまうと、税務署としてはとんでもない不良資産を抱えてしまうことになるのだ。

となると、税務署としてはどうするか？

見逃すしかない、ということになる。

H氏は、特別に会計の知識が豊富というわけではないだろう。また税務署の弱点を見抜いている、というような人物でもないはずだ。しかし、H氏のような建設現場でたたき上げで会社を作ったような人物は、「お金の本質」をよく知っている。お金に関しては、あくまで図々しい奴が得をするようになっている、声が大きい奴が得をするようになっている——そこを見透かして、税務署に対して一歩も引かないのである。

税務署としては、そういう人物が一番やっかいである。税法は、開き直って「お金はない」と言うような納税者を想定して作られていないからだ。

税の世界というのは、一筋縄ではいかないのだ。

## お坊さんは無税生活の第一人者

### 税金の特権をもつ宗教法人

日本の職業のなかで最も税金的に優遇されている人はだれだろう？

答えは、お坊さん、宗教関係者である。

税制的にみた場合、宗教職（住職など）ほど税金的に恵まれた職業はないといえる。

宗教団体が税金的に優遇されているということは、多くの人が聞いたことがあるだろう。確かに、宗教団体というのは、宗教活動において生じた収益については課税されないということになっている。

宗教活動というのは、たとえば葬式や法事でお経を読んだり、祈祷をしたり、お守りを売ったりすることである。そういう活動で得たお金には、税金はまったくかからないのである。

たとえば、護符やおみくじ。その原価は1、2円くらいのものである。それを100円とか200円の値段をつけて売っているのだから、商売的にはぼったくりに近い。しかもこれに税金が課されないのだから、こんなにおいしい商売はないといえるだろう。

だからといって、宗教団体を名乗ればだれもがこの恩恵を受けられるというものではない。都道府県知事から認められた宗教団体だけが、この恩恵を享受することができるのだ。

仮に宗教団体の認定を受けていないものが、おみくじなどの販売をして収益を上げた場合、最低でも20〜30%の税金を課せられることになる。宗教団体と認定されるかどうかというのは、宗教関係者にとって大きな問題なのである。

昨今は、新規に宗教団体として認められるのが非常に難しくなっている。オウム真理教をはじめ宗教団体による凶悪事件が多発しているからである。宗教団体として認められるには、教義がきっちり決められていること、信者の数がある程度いることなどの条件があり、これをクリアするのはなかなか難しい。

そこで最近では、新たに宗教団体として認定されることを目指すのではなく、既存の宗教団体を買い取るというケースも増えている。過疎地などに行けば住職のいない寺がたくさんあり、なかには宗教団体の資格をもつ寺もある。それを買い取るのだ。

そうすれば、宗教団体の税金の恩恵が受けられるのである。

## あるお坊さんの生活

さて、税金的に優遇されている宗教団体では、そのなかにいる人々も当然、税金的に恵まれた生活をしている。

宗教関係者にもいろいろあるが、税金でおいしい生活をしている者の代表格は、お坊さんということになるだろう。

あまり知られていないが、お坊さんというのは、税制上では実はサラリーマンに属するのである。お坊さん（住職）は、寺という宗教団体で働いている職員という形態になっている。だから、お寺から給料をもらっているサラリーマンなのである。

お坊さんは、サラリーマンなのだから、当然、税金は源泉徴収されなければならない。

しかし、お坊さんの給料は非常に少ないので、源泉徴収される税金というのはわずかなものである。年間報酬が200万円以下というお坊さんもざらにいる。

「給料が少ないなら税金が少なくて当たり前じゃないか」

と思う人も多いだろう。

しかし、そこはずる賢い坊さんたちである。ただ、給料が安いから税金が安いなどという単純な話ではない。

お坊さんは、給料としてもらう金品は少ないが、実質的な生活は決して貧しくはないのである。

ここで、住職Kを例にとって説明しよう。

住職Kは、代々続く僧侶の家柄、Kも当然のように住職を継いだ。結婚が許されている宗門なので、住職が世襲制となっているのだ。

住職Kの檀家は300軒程度である。300軒というと、非常に少ないような印象があるが、寺にとっての「顧客」としては少ないほうではない。秋と春の彼岸、盆という定例イベント、各檀家の定期的な法事、臨時ボーナスとなるお葬式など、だいたい檀家一軒につき年間数万円の売上が見込める。なので、軽く500〜600万円の収入が入ってくる。

しかも、住職の場合、生活費が非常に安くすむ。

この住職は当然、寺に住んでいる。建物は古いが、しっかりした作りになっており、かなり広い。もちろん家賃は無料である。住居部分は数年前にリフォームしたので、昨今の住宅とほとんど変わらない機能をもっている。家を大きくしたり建て直したりしても、それも全部、寺のお金から出る。

また、生活用品や家具などにも、それほどお金がかからない。生活用品や家具のほとんどは寺のお金で購入するからである。つまり、お坊さんの腹はまったく痛まないのである。

そして住職Kはベンツに乗っているが、もちろんお寺の金で買ったものであり、給料から出したものではない。丸坊主でベンツに乗っているので、やくざと間違われ、行き交う車はみな彼の車を避けて行くそうである。

住職Kは食費も非常に安くつく。檀家からの頂き物が多いからだ。

だから、住職Kが自分の給料で支払うものといえば、自分の小遣い程度のものだけである。

彼は自分の妻を寺の職員にしているので、妻は寺から給料をもらっている。妻は寺の掃除をしたり、事務的な仕事をしたりするので、それは当然だと住職Kは思っている。

住職が自分の妻を寺の職員にして、給料を払っていることは多い。そうなると、給料は2人分もらえることになる。生活費はほとんどかからないのに、給料はしっかりもらっているのだ。

もちろん、こういう生活をしていれば、お金には余裕がある。

ネオン街で飲み歩いたり、子どもにバーンと豪邸を買ってやったりする住職が多いのは、このためなのである。

これまで、さまざまなテクニックや知恵を駆使して税金を払わないで生きている人たちを紹介してきたが、住職にいたってはなんの努力もせず、生まれながらに無税生活を営んできているのだ。

まさに住職こそ、「無税生活」の最たる職業といえるだろう。

## お寺は脱税の常習犯

このように、税金に関して非常に恵まれているお坊さんたちであるが、彼らは脱税の常習犯でもある。

彼らの脱税の手口は単純である。

葬式や法事などでお布施をもらったとき、それを寺の会計に入れずに、自分の懐に入れてしまうのである。

お寺など宗教団体というのは、宗教活動で得たお金はすべて宗教団体の会計に計上しなければならない。前述したように、お坊さんなどはあくまで宗教団体の職員であり、お布施といえども自分の金ではなく、お寺（宗教団体）の金なのである。

それにもかかわらず、お布施をこっそり我が物にするお坊さんが跡を絶たない。

なぜお坊さんの脱税が多いのか、というと、脱税がしやすいからである。

お布施というのは領収書が不要なお金である。昨今では領収書を出す寺もあるらしいが、基本的には領収書を切るなどということはない。ということは、そのお金の記録は外部には絶対漏れないのである。

お坊さんの税金の仕組み

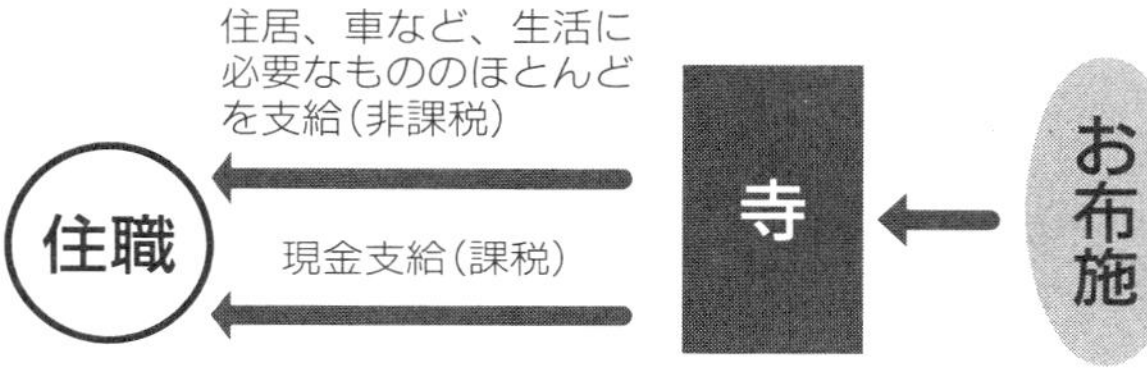


これは脱税が最も成立しやすい条件といえる。

しかも、お布施というのは、密室でやりとりされる。普通の商売のように他のお客が見ている前でお金のやりとりをするわけではない。つまり、お布施は、当事者しか知ることができない「取引」なのである。

となると、ちょっと隠したところで税務署にバレる可能性は低い。そういうふうにお坊さんは考えるのだろう。なんとも、人間とは欲望に弱いことである。

しかし税務署は、そんなことは百も承知である。檀家の名簿を調べ、法事の数や葬式の数を割り出し、その回数分のお布施がきちんと申告されているかどうかをチェックする。

その結果、お布施をちょろまかしていたことがバレて追徴課税ということが、非常によくあるのだ。

住職Kの場合もそうである。

基本的にお布施は、妻にやることにしている。妻はだいたいきちんと帳簿につけているので、その分は適正に申告されているはずだ。しかし、1日で数件法事があったときなどは、そのうちの1～2件分のお布施を懐に入れてしまうこともある。もちろん、それは「脱税」である。

住職Kのこのような税金に対する意識は、特に理由があって芽生えたものではない。父親がしてきたことを自然に踏襲したものである。また同業者もだいたい同じような感覚をもっている。彼らに罪の意識はまったくないのだ。

なんとも罰当たりな話である。

# 夜の蝶たちの無税生活

## 水商売の税金

水商売というのも、税金のうえではおいしい職業である。

スナックSのママの生活をのぞいてみよう。

スナックSは、都心周辺の私鉄駅の繁華街にある。8年前に開業し、かなり常連客もついて繁盛している。1日の売上は30万円程度である。ホステスの日給などに10万円ほど支払い、酒代や料理代などが5、6万円、その他経費が5、6万円。よって1日の利益はだいたい7、8万円くらいである。

しかし、このママ、売上をそのまま申告したりはしない。だいたい3割減くらいで申告しているので、経費を差し引くと利益はほとんど出ないことになっている。

水商売というのは、税金をごまかして当たり前という感覚がある。もちろん真面目に申告している人もたくさんいるだろうが、税務調査でのデータからいえることは、半数以上がなんらかのごまかしをしているのである。

水商売の税金のごまかし方は簡単である。売上を一部除外して申告するのである。単純ながら、税務署がこの脱税工作を摘発するには、非常に難しいものがある。

普通の商売の場合は、売上に対して仕入れが連動するようになっている。たとえば、カバン屋さんの場合、カバンを仕入れた数量と在庫を調べれば、売上は判明する。

しかし、水商売の場合、仕入れ数量と売上は必ずしも一致しない。仕入れたお酒の数をチェックしたって、スナックなどはお酒を飲んだだけの料金を取っているわけではない。セット料金だったり、時間制の飲み放題だったり、キープ制だったりするので、お酒の減り方と売上数量は必ずしも一致しないのである。

また、実際の仕入れ値の何十倍もの金額で酒を出すことも珍しくないので、お酒の値段などあってないようなものである。そういう商売では、仕入れを調べたって、売上がわかることはない。

だから水商売の場合、売上金をその日のうちに隠してしまえば、脱税が成立してしまうのである。

スナックSのママに、税に関する特別な知識があるわけではない。周囲の人たちがやっているのを真似ているうちに、こういう適当な税務申告をするようになっただけだ。

水商売をする者たちの間では、自然に「税金はごまかすもの」という意識が出来上がっている。というより、まともに申告をするのはバカだという風潮がある。

水商売において、儲かるか儲からないかは、一種の賭けである。儲かったとしても、それがいつまでも続くとはかぎらない。事業を始めるためには莫大な費用がかかるが、その費用を回収できたとしたら、それは成功した部類に入る。

そんな水商売では、税金ほどバカバカしい支出はない。せっかく儲けたお金を、そう簡単に取られてはたまらない。だから水商売の人の間では、税務署に関する驚くほど精通な情報が、行き交っている。税金や税務署に対する研究を怠らないのだ。

スナックSのママの場合、客がボトルをキープしたときの代金は絶対に除外（脱税）しない。

なぜなら、税務署が抜き打ち調査に来たとき、必ずキープされたボトルをチェックするからだ。キープされた日付、キープされた酒の値段などを確認し、それが売上に反映されているか調べるのだ。

またこのママは、お金は簞笥《たんす》預金にしている。自分は夜間家にいないので、実家の母に預けている。銀行に預けないのは、税務署に見つからないようにするためだ。

以前、脱税した金を近所の銀行預金に入れていたクラブのオーナーが、税務署にがっぽり追徴課税されたことがあった。スナックSのママはそのとき、「預金や証券は、税務署が簡単に見つけてしまう」ということを税理士から聞いていたのだ。

## 水商売の税務署対策

水商売の脱税に関して、税務当局も見過ごしているわけではない。

税務署は、普通に営業している（休業状態ではない）水商売の業者には、だいたい3、4年に一度の割合で税務調査をしている。

税務調査というのは、申告された税額に不審点がある場合に、税務署が納税者宅に赴き、証拠書類などをチェックすることである。

普通の会社の場合には、事前に税務署から連絡が行き、予定を調整したうえで税務調査が行われる。税務調査というのは、刑事事件となるような悪質で巨額な脱税は別として、通常は、納税者の同意を得たうえで行われるからである。

しかし水商売の場合は、抜き打ちで調査が行われる。水商売などの現金商売は、売上金を隠すだけで簡単に脱税できるので、事前に連絡して税務調査をしてもあまり意味がない。だから、現金商売者に対しては、特別に抜き打ち調査をすることが認められている。これは裁判の判例でも認められている。

また、税務署は水商売の脱税を摘発するために、さまざまなテクニックを駆使する。税務署の調査官が客として潜入し店の売上状況を調べたり、ゴミ箱の中をチェックして破棄された伝票がないかを調べたりもする。

しかし、水商売の経営者たちも、そんなことは百も承知なのである。そして水商売の経営者たちは、税務署対策として、さまざまなテクニックを使っている。

スナックSにもそういうテクニックがある。

たとえば、脱税するときは、身元の知れた常連客の売上だけを除外するのだ。客のなかに税務署員が混じっているかもしれないので、無作為に売上を除外してしまえば、調査官の売上も除外してしまうことになりかねない。そんなことをすれば、後日抜き打ち調査が入ったときに、「何月何日にいくら払ったはずだが、その売上が計上されていない」と指摘され、脱税発覚となってしまう。

しかし身元の知れた常連客の売上だけを除外していれば、うっかり税務署の覆面調査官の売上を除外してしまうようなヘマはしなくてすむ。

だが、税務署がいったん調査に入れば、国に払うショバ代とばかりにある程度の追徴税は払う。税務署の調査官にしてみたら、せっかく税務調査に来たのだから手ぶらでは帰りづらいだろうから、なるべく早く帰ってもらうためにも、税務署が指摘してきた少額の記帳誤りなどは簡単に認めるのである。

税務署のほうも、いくら脱税しているのか正確な数字を知っているわけではないので、ある程度の金額で手を打たざるをえない。しかし、その金額は、本来払うべき税金とは比較にならないほど安い額なのである。

つまり、水商売者たちは、少額の追徴税を駄賃として調査官に払い、それよりもはるかに多くの税金をごまかしているのである。

このようにして、本当は年に数千万円の所得があるのに、税金をほとんど払っていない、というようなおいしい生活をしているのが実態なのだ。

## 夜の蝶のあやしい収入

水商売では、売上をごまかすことの他にも、おいしい脱税の仕方がある。

それは「副収入」の除外である。

水商売の女性たちは、正規の報酬の他に、客から「臨時収入」をもらうことが多い。ホステスやキャバクラ嬢が、客から高価なアクセサリーやブランド品をもらったなどという話は腐るほどある。

この「臨時収入」も、本来は税金の対象となるのである。年間に110万円以上の金品、物をもらった場合、贈与税という税金がかかるのだ。

しかし、夜の蝶たちが臨時収入をきちんと申告するようなことはまずないし、税務署が彼女らに追徴課税したという話もまず聞かない。

なぜかというと、この臨時収入は客が自分のポケットマネーから出すものであり、夜の蝶たちはそれを受け取ったときに領収書などを発行することはない。つまり闇の中でやりとりされるものだから、税務署としても事実の把握のしようがないのである。

この夜の蝶たちの「臨時収入」は、バカにできない。なかには数百万円もする車を買ってもらったという猛者もいる。本来ならばかなりの税金を払わなければならなかったはずだ。

スナックSのママにしてもそうである。

このママ、実は開店に際し、とあるお客さんから1000万円もの資金援助を受けている。このお金、本来ならば数百万円の税金がかかるところであるが、当然、税務申告されていない。

こういう人は実はけっこういるのだ。

このように恵まれた税金生活を送っている夜の蝶たちだが、税金でおいしい思いをできるのは、儲かっているときだけである。儲かっていないときは、税金どころの話ではなくなる。

昨今の不況で、水商売はモロに影響を受けている。銀座の老舗のクラブでも、ホステスの月給が20万円を切るなどということがあるらしい。

# FXで儲けても税金は払わなくていい？

## FXの脱税

最近は、株価下落の影響で下火になっているが、少し前にはFXで金儲けをすることが非常に流行していた。プロの投資家のみならず、サラリーマンや主婦、フリーターまでが参入し、荒稼ぎする者も出現していた。

たとえば、主婦のKさんの場合。

彼女には数百万円のへそくりがあった。そのへそくりを資金にして、巷で話題になっているFX取引を始めた。

FXは、取引自体は非常に簡単である。

このFXというのは、簡単にいえば、外国為替取引のことである。

近年、日本ではずっと低金利が続いており、ほとんどの諸外国で日本より金利が高くなっていた。そこで外国の安定した通貨（当時でいえばドル）で預金をするのである。

外国の通貨で預金すれば、当時は4～5％の利率はざらだったので、日本で預金するよりもはるかにいい。

そしてFXが簡単に金儲けになった最大の要因は、レバレッジを利かせることができたからだ。

レバレッジというのは、証拠金を預託し、証拠金の何十倍、何百倍の取引をするものだ。証拠金分の損失が出るまでは、その証拠金だけで取引ができるのである。

たとえば、100万円を証拠金として預託し、20倍のレバレッジを利用したとする。100万円の20倍の取引、つまり2000万円の取引ができるわけだ。

2000万円で利率6％の外貨預金を買えば、年間120万円の利子がもらえる。月にすれば10万円となる。

100万円の投資で、月に10万円、年間120万円の利益が出る。つまり年利120％というわけである。こんなうまい取引はないだろう。

主婦Kさんも、400万円のへそくりを拠出し、10倍のレバレッジを利かせて、年利5％の外貨預金を購入した。年間200万円の利子が受け取れるのである。

当時は、円ドルなどの為替相場が安定していたので、ほとんどリスクはなかった。まさに濡れ手に粟で金儲けをすることができたのだ。FXをしている人にとって、FXをしていない人は間抜けに見えて仕方がなかったはずだ。

### FX長者は税金を払わない

このFX取引で儲かった人は、脱税をするケースも非常に多かった。主婦が数億円を脱税したとして国税局から摘発された事件もあった。

なぜFX取引には脱税が多かったのか？

単純に、「利益が大きかったので税金を払いたくなかった」という理由もあるだろうが、それに加えてFXの場合は、脱税しやすい土壌があったのだ。

個人投資家が証券会社を通して株の売買などをする場合は、原則的に証券会社が税金面もやってくれる。だから、脱税をすることもほとんどなかった。

しかしFX取引の場合、東京金融取引所による取引「クリック365」以外は、自分で申告しなければならない。業者がやってくれるわけではないのだ。自分で申告をしなければならない、ということは申告をしないことも生じる、ということである。

主婦Kさんの場合も、このパターンである。

Kさんは、年間200万円の収入があったが、申告はしていなかった。

申告しなければならないということは、FX業者の説明などで知っていた。しかし、どうやって申告をしていいものかわからなかったし、せっかく稼いだ金が税金で取られるのは、もったいなかった。

だから、申告しなかったのである。

いたって普通の主婦のKさんは、確定申告の時期になると、「税務署は、私がFXで儲けていることを知っているんじゃないか」と不安にかられた。いつ税務署に呼び出されるものか、気が気ではなかった。

しかし、彼女がFX取引をしていた3年間、税務署から呼び出されたことは一度もなかった。Kさんがいくら儲けているかなど、税務署は知らなかったのである。

税務署というのは、各個人の金融取引やビジネスなどをすべて把握しているわけではない。日本には1億3000万人もの人がいるのだから、各人のお金の出し入れなどをすべてチェックするのは不可能である。

だから必然的に、大きな脱税をしていそうな人を中心にチェックされる。つまり、たくさん稼いでいる人がターゲットになるのだ。

主婦Kさんの場合、普通の人からみればFXだけで年間200万円も稼いでいるのだから、かなり儲かっているように思えるが、FX取引者全体からみれば、そうでもない。何千万、何億と稼いでいる人もいるので、そちらのほうが優先的にチェックされ、Kさんはお目こぼしにあずかっていたということである。

税の世界ではこういうことは多々ある。しかし、Kさんがいつまでもノーチェックでいられるかといえば、そうともいえない。FXの脱税者が非常に多いことが、社会問題にもなったため、FX取引に絞って重点的なチェックが行われるかもしれないからだ。

ただ、彼女は現在FX取引をやめている。例のリーマン・ショックのドルの暴落で、証拠金が吹っ飛んでしまったからだ。あれで儲けと損は、トントンくらいになったそうである。

## 税金豆知識③――脱税の助っ人「B勘屋」とは？

世の中には、脱税をするのは当たり前という人がたくさんいる。それどころか、脱税の手助けを生業《なりわい》としている人たちまで存在する。

その代表的なものが「B勘屋」と呼ばれる人たちである。B勘屋は、ニセの領収書を売る人のことだ。

領収書は、税務申告するうえで重要な証拠書類となる。領収書があることで、経費の正当性を裏付けることができる。それを逆手にとって、ニセの領収書を使い経費を過大に計上しよう、というわけだ。

ニセの領収書は、自分で作ったり、既存の領収書を書き換えたりすることも多い。しかし、自分で作ったニセ領収書というのは、税務署員にいったん怪しまれると、すぐに不正工作が発覚してしまう。税務署員が領収書の発行元を調べれば、相手先が架空であるとか、相手先の受領額との間に相違があることは、簡単にわかってしまうからだ。

そういう「自前」のニセ領収書だけではなく、プロが作ったニセ領収書もある。倒産した会社などの「本物」の領収書を、額面の5％程度で売ってくれるのだ。このニセ領収書を作成、販売している人たちのことを「B勘屋」という。

税務署の隠語で、正規の領収書のことを「A勘定」、不正の領収書のことを「B勘定」というので、「B勘定」を販売している者ということで「B勘屋」と呼ばれるようになった。

「B勘屋」が作ったニセの領収書は、一応、発行元が実在している。だから、正当性はある。しかも、税務署員が領収書の発行元を調べようにも、先方はもう倒産しているわけだから、調べようがない。

ただし「B勘屋」の作ったニセ領収書も、〝完璧な脱税〟にはならない。税務署は「B勘屋」の存在を躍起になって探っているので、もし「B勘屋」を一つでも発見すれば、その「B勘屋」が作ったニセ領収書を買っていた人たちは、一網打尽に摘発されることになる。

もちろん「B勘屋」は闇の世界の住民が多い。不法なモノを売買している闇業者などが、知恵を働かせて「B勘事業」にも乗り出すのだ。また最近では、ネットで売買されることもあるようだ。

# 3章

# 増えるサラリーマンの無税生活者

# やたらに税金に強いサラリーマン

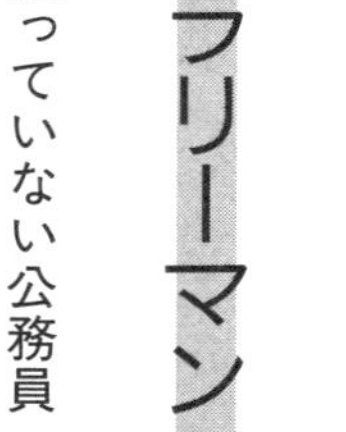

**職業上の知識を活用し税金をほとんど払っていない公務員**

サラリーマンというのは、自分で税金を安くすることはできない、というのが定説である。

しかし、そういう定説を打ち破るサラリーマンが最近、出現してきている。

サラリーマンの税金処理は会社がすべてやってくれるので、自分自身で恣意的に動かせない、と思われている。しかし、実はそうではない。

会社がやってくれるのは、税法的にいうならばほんの一部である。

サラリーマンの税金というのは、収入（給与収入）から「所得控除」を差し引いた残額に対してかけられるものである。

「所得控除」とは、いろんな条件によって税金を割り引く制度である。たとえば、結婚して妻を養っている人には「配偶者控除」、家族を養っている人には「扶養控除」、生命保険に入っている人には「生命保険控除」という具合にである。

この「所得控除」はけっこう種類が多いのだが、会社がやってくれるのは「配偶者控除」「扶養控除」などの代表的なものだけであり、「医療費控除」「雑損控除」などは自分でやらなければならない。せっかく控除を受けられる条件にあったとしても、自分でその手続きをしなければ、それを放棄したことになってしまうのだ。

つまり、節税の権利は自ら申請しないと得られない。会社や税務署は、積極的に節税の手助けはしてくれない。

サラリーマンの多くは、自らの節税の権利を放棄し、会社任せにしている。節税にはそれなりの知識と手間が必要だからだ。

しかし、サラリーマンの一部には、自分のもっている権利を最大限駆使し、税金を極限まで安くしている人たちもいる。

そういうサラリーマンを紹介しよう。

40代の公務員H氏の話である。

H氏には、妻と中学生の娘が一人いる。年収は600万円程度である。

二世帯住宅のかなり大きな家を建てていて、妻の両親と同居という形になっているが、家の構造は、玄関も別々でまったくの別宅となっている。購入費は4000万円。彼の収入からすれば、けっこう大きな買い物である。しかし、購入費のうち半分は妻の親に出してもらっている。

公務員にしてはちょっとリッチな生活をしているH氏であるが、実はここ10年近く、ほとんど税金を払っていない。

公務員といえども、サラリーマンである。サラリーマンの税金は給料から天引きされるので、「払うべきものがあるのに払わない」などということはできない。ということは、H氏には「払うべき税金がない」のである。

年収600万円といえば、40代のサラリーマンとしては平均的な額である。税金もけっこうかかるはずだ。

なのに、なぜ彼は税金を払っていないのか？

## 公務員H氏の節税の仕組み

彼は税務に関係する仕事をしている。その仕事柄、税務に関する知識が豊富である。その知識を生かして、税金を極力安くしているのだ。

彼の所得計算において、最大の特徴は妻の母を扶養に入れていることである。妻の母は年間100万円弱の年金をもらっている。65歳以上の人の場合、年金収入が158万円までは無所得という扱いになる。無所得の人は、扶養に入れることができるのだ。

扶養するというと、本来は、全面的な金銭の援助をしていることを示すものである。しかし、税務上の扶養ということに、明確な定義はない。いくら以上金銭的な援助をしていないと扶養には入れられない、というような線引きはされていないのだ。それをいいことに、H氏は妻の母を扶養していることにして、職場の総務課に申請しているのである。

扶養する家族がいる場合、扶養控除という税金の割引が受けられる。表のように1人あたり最低38万円、扶養対象者が老人であったり障害者であったりすれば、さらにその額が増える。

妻の母は、「同居老親等」というものに該当するので、58万円の控除を受けられるのである。扶養に入れられるのは、自分の親だけではなく、妻の親も入れることができる。玄関は別の二世帯住宅に住んでいても、同居していることに変わりはないのだから、同居ということで申請しているのである。

また、妻の母の社会保険料もH氏が払ってやっていることになっている。社会保険料は、その支払金額の全額が税金割引の対象となる。そして、税金割引の対象となるのは、自分の社会保険だけではない。家族の社会保険も、自分が払ってやっていれば、税金控除となる。

H氏の税金対策はこれだけにとどまらない。

毎年、医療費の領収書をかき集め、「医療費控除」を受けている。医療費控除とは、年間の医療費が10万円（もしくは所得の5％以上）を超えた場合、税金の割引になるという制度である。

妻の母には、腰痛などけっこう持病がある。病院に行ったり薬を買ったりすることが多い。またカイロプラクティックに通うこともある。

医療費控除の対象となる医療費というのは、病院に支払ったお金だけではない。条件

## 扶養控除の金額

| | | 同居特別障害者である人 | 左記以外の人 |
|---|---|---|---|
| 一般の扶養親族 | | 73万円 | 38万円 |
| 特定扶養親族 | | 98万円 | 63万円 |
| 老人扶養親族 | 同居老親等以外の人 | 83万円 | 48万円 |
| | 同居老親等 | 93万円 | 58万円 |

（注）1　同居特別障害者とは、特別障害者で同居している人のこと。
2　特定扶養親族とは、その年の12月31日現在の年齢が16歳以上23歳未満の人のこと。
3　老人扶養親族とは、扶養親族のうち、その年の12月31日現在の年齢が70歳以上の人のこと。
4　同居老親等とは、老人扶養親族のうち、納税者又はその配偶者の父母・祖父母などで同居している人のこと。

付きではあるが、カイロプラクティックに行ったり、市販の薬を買ったりした場合も、対象となる。また、通院にかかる交通費も対象となる。そういう領収書をかき集めると年間数十万円になる。

それらの税金知識を駆使して、H氏は同じ年収の人に比べ、200万円程度、課税所得が少なくなっているのだ。そのためH氏の所得税がゼロとなったのである。

彼のような者は、税務に携わる公務員にかなり多い。市民に対して「税金はきちんと納めましょう」

と呼びかけている彼ら、税金こそが彼らの「飯のタネ」であるはずだが、自らの税金となると、やはり安いに越したことはないのだ。

# 外資系サラリーマンはなぜ税金が安い

## 外資系サラリーマンの優雅な生活

外資系企業に勤めるF氏というサラリーマンがいる。年齢31歳、年収は1000万円程度。若くしてセレブの生活を満喫している。

彼の生活をちょっとのぞいてみよう。

外資系企業の仕事はハードである。朝から経済紙や英字紙に目を通し、情報収集を欠かさない。深夜まで会社にいることも多いし、土日に仕事をすることも多々ある。

だが外資系企業は、結果さえ出していれば余計な文句はいわれない。上司や同僚との面倒な付き合いもない。F氏にはアメリカでの留学経験があり、欧米人の考え方にも慣れている。だから、外資系企業で働くことは、彼にとって水を得た魚のような生活である。

また彼は、仕事人間ではない。自分の生活も大事にしている。都心の3LDKのマンションに住み、会員制のスポーツジムで毎日汗を流している。夏には2週間ほど休暇を取り、北海道にある別荘でのんびり過ごす。

このように彼の生活は、日本のサラリーマンとは大きく違う。しかし、もっと違う点がある。それは税金である。

年収1000万円の彼の税金は、実は驚くほど安いのだ。

彼の税金は所得税、住民税含めてなんと100万円ちょっとにすぎない。これは、年収400万円程度の独身サラリーマンと同じくらいの納税額である。

F氏は高収入の独身であるので、税金が最も高い層に位置しているはずだ。年収1000万円で独身となれば、普通、300〜400万円の税金は取られるはずだ。

それが100万円にすぎないのである。通常の3分の1、4分の1である。

なぜこんなことになっているのか？

それは外資系企業特有の事情によるのである。

外資系企業は、税金に関して非常にシビアである。外国で税金を払ってもメリットはほとんどないので、税金は極力切り詰めようとする。日本の企業でも、税金は払いたくないものなので、まあ、それは似たようなものかもしれない。

しかし外資系企業の場合、会社の税金だけではなく、社員の税金に関しても非常にシビアなのである。つまりは、社員の税金対策にも万策を講じているのだ。そこが、日本の企業と大きく違うところである。

同じ人件費を払うなら、社員の取り分が多いほうが費用対効果は高い。高い人件費を払っても、税金で多く取られてしまうならば、何にもならない。外資系企業では、そういう合理的な考え方が徹底しているため、社員の節税の手助けをしているのだ。

サラリーマンの税金というのは、サラリーマン自身の工夫ではなかなか安くすることができない。しかし、会社が手伝ってやれば、社員の税金は非常に安くなるのである。

日本企業の場合、社員の税金にまで気をつかうことは少ない。社員の税金は、社員が払うものだから会社は関係ない、というスタンスである。その点において、日本の会社の税金対策は遅れているといえる。

日本企業は、「お上にはなるべく楯つかない」という風土のなかにある。だから、会社は社員の節税の手助けをするよりも、税務署に文句をいわれないように、社員からきちんと税金を徴収することを最優先に考えている。

## 外資系サラリーマンの節税術

外資系サラリーマンの税金が安くなっているそのカラクリを具体的に説明しよう。

給料には、「税金のかかる給料」と「税金のかからない給料」がある。

つまり、給料のうち「税金のかかる給料」を少なくし、「税金のかからない給料」を多くすれば、その社員の税金を減らすことができる、というわけだ。

「税金のかかる給料」というのは、基本給であったり、残業代であったり、いわゆる仕事の対価としてもらうものである。

「税金のかからない給料」というのは、通勤手当など、業務上必要な費用を会社が出すものである。

この「税金のかからない給料」というのが、実はけっこう広い範囲で認められている。

たとえば住宅費。

賃貸マンションなどを会社の借り上げという形にして、会社が家賃の肩代わりをすることができる。社員は、家賃の2、3割程度を払っていれば、会社が肩代わりした家賃分には税金がかからない。

F氏の場合、マンションの家賃は1カ月20万円である。このマンションは会社の借り上げということになっており、F氏は会社に5万円ほどの家賃を払っている。残りの15万円は会社が肩代わりしているのだ。

F氏の会社では、給料が選択性になっており、自分の年収を全額給料としてもらうか、一部を家賃補助などの形でもらうかを選択することができる。

F氏は、自分の給料の一部を家賃の補助という形にしているので、賃貸マンションを会社の借り上げにし、家賃を肩代わりしてもらっている。

15万円の12カ月分で180万円。これは、本来はF氏の給料から支払われるべきものである。そして、この180万円には税金がかかってくるはずである。

しかし、この180万円を給料としてではなく家賃の肩代わりとしてもらえば、税金

## 外資系サラリーマンの節税スキーム

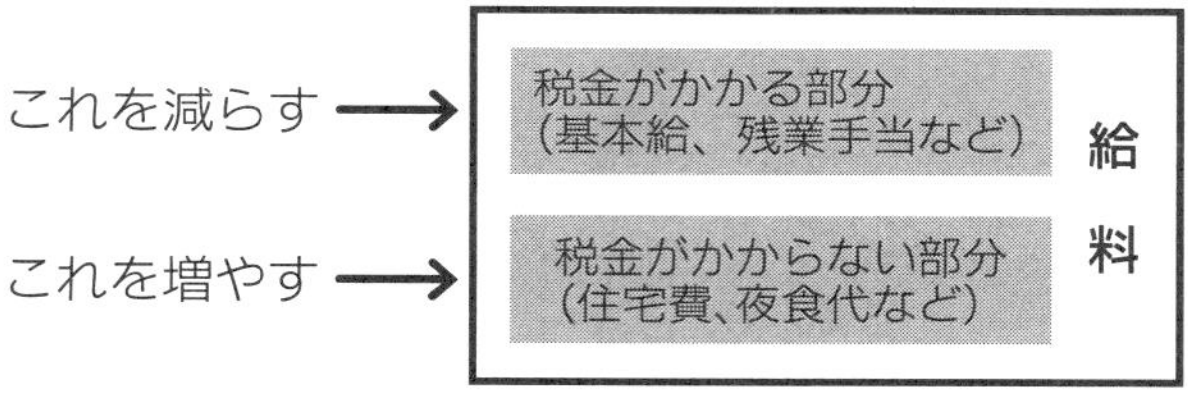


がかからないのである。

これでＦ氏の年収１０００万円のうち、１８０万円が税金の対象からはずされたことになる。つまり、Ｆ氏の税金対象の年収は１０００万円から８２０万円に減ったのである。

この他にも「税金のかからない給料」はたくさんある。

たとえば、スポーツジムの会費。

Ｆ氏は高級スポーツジムの会員になっているが、これも会社が加入しているものである。ジムの年会費は約50万円。これも会社との契約で、給料としてもらうのではなく、スポーツジムの会費を払ってもらうということにしている。

またＦ氏の会社では、オプションで残業したときの夜食代を会社が払ってくれるということになっている。夜食代も、税金がかからない。遅くまで仕事をしたときは、どうせ食事を取るのだから、会社で持ってくれたほうがありがたい。その分、給料が減ったとしても、節税できることを考えれば得なのである。

他にも別荘の使用権など、会社は給料として支払う代わりにさまざまな便宜をF氏に与えている。

それやこれやで、F氏の「税金のかかる給料」は大幅に減り、税金が劇的に安くなっているのだ。

## 副業で赤字申告をして税金を逃れる

### サラリーマンの税法の抜け穴

ここまで、サラリーマンが自分の権利を駆使し、税金を最大限に安くしている2つの例を紹介した。

しかし現行の税制からみれば、サラリーマンの節税方法は、自営業者などに比べると、やはりかなり制限があるといわざるをえない。

税金の世界では、十五三一（とうごうさんぴん）という言葉がある。

これは、各職業の税金の対象となる所得の割合を示す言葉である。

サラリーマンは所得の10割に税金がかけられる、自営業者は所得の5割にしかかけられない、農家は3割だけにしかかけられない、政治家にいたっては1割にしかかけられない、という現状を表した言葉である。

サラリーマン以外の職業の人たちは、原則として「自分の税金は自分で申告」することになっている。収入から経費を差し引いた「所得」を自分で算出できるのだ。もちろん、経費をたくさん積み上げることによって税金を極限まで安くできる。

サラリーマンにも必要経費に相当するものとして「給与所得者控除」という税金の割引制度がある。この「給与所得者控除」は「サラリーマンにはだれでも一定の割合で必要経費を認めますよ」という制度で、だいたい給与収入の3割前後が、割引となる。

しかし、自営業者の経費となれば、最低クラスでも収入の6割くらいある。材料費などがまったくかからないフリーランスの自営業者などでも、収入の6割以上を経費にしていることがほとんどである。

つまり、経費率からみれば、自営業者はサラリーマンの倍以上の控除を受けられるのである。

「今の税制はサラリーマンに損」

といわれるのは、このためである。

しかし、昨今、ある方法を用いて、自営業者と同じような節税をするサラリーマンが増えている。

K氏もそういうサラリーマンの一人である。

K氏は、中堅商社に20年勤務しているサラリーマンである。K氏には、実はもう一つの顔がある。ノンフィクションライターという顔である。

K氏は昔から世界の軍事兵器について興味があり、英語の兵器関係の本を翻訳したホームページを作ったりしていた。それが雑誌社の目にとまり、雑誌に寄稿を求められるようになった。そのうち自分で書いた本も出版するようになったのである。

このノンフィクションライターとしての収入が、彼の節税の重要なポイントとなっている。

彼はライターとして収入を税務申告している。そして、ライターとしての申告は大幅に赤字になっている。

彼のライターとしての収入は、年間百数十万円程度である。一方、経費は２００万円を超えている。

彼は自宅でライター仕事をしているため、自宅の家賃を案分して経費に計上している。仕事場のスペースが全体の４割程度なので、家賃の４割を経費で落としている。光熱費も同じように４割を経費に計上している。

その経費だけで、年間１００万円近い額になる。

また彼は、年に数回海外旅行をする。それは外国の飛行場や、港を回るなどして、兵器の研究をしているのである。その費用も、ライター仕事の経費として計上している。海外旅行は趣味のための費用ともいえるが、ライターの仕事に直接関係する費用ともいえる。

さらに、彼が年間に購入する書籍は20〜30万円になるが、それももちろん経費に計上している。

それやこれやで、年間経費が２００万円を超えることになっているのだ。

そのため、年間の赤字は１００万円程度になる。その１００万円を、サラリーマンとしての収入から差し引くことになり、結果、会社で源泉徴収された税金が還付されるようになっている。

## 損益通算を駆使する

「副業で赤字を計上すれば、源泉徴収された税金が戻ってくる」

そういわれても、普通の人にとってはキツネにつままれたような話だろう。

その仕組みを少し説明しよう。

サラリーマンが源泉徴収されている税金、所得税と住民税は、所得の金額に税率をかけて算出される。

この「所得」というものが、少し複雑な構造をしているのだ。

所得というと、普通の人は「収入」をイメージするだろう。しかし、「所得」と「収入」はちょっと違う。税法上の所得というのは、その収入方法に応じて、10個に分類されている。

事業をしている人は「事業所得」、不動産収入がある人は「不動産所得」、サラリーマンは「給与所得」、株を持っている人は「配当所得」という具合である。

所得というのは、人によっては複数ある人もいる。

サラリーマンをしながら不動産所得があったり、事業をしている人が株の配当所得があったりするのである。

そして複数の所得がある場合、基本的にはそれらの所得を合算して、合計した所得に税金を課せられることになっている（ただし、合計せずに単独で税額を算出する所得もある）。

ところで、所得というのは、常に黒字だとはかぎらない。サラリーマンの場合は、所得が赤字になることはありえないが、事業をやっている人や不動産がある人は所得が赤字になることもある。

そして所得同士を合算するときに、赤字になっている所得があれば、他の所得から差し引くことができる場合もあるのだ。

たとえば、事業所得と給与所得がある場合。事業所得のほうが赤字ならば、給与所得から赤字分を差し引くことができる。それを「損益通算」という。

この「損益通算」が、サラリーマンの税金を安くする肝なのである。

## 「副業で赤字を出す」ために

「赤字」というと、普通の人にとっては「お金が減る」ということを意味するだろう。だから、「副業をして赤字を出す」なんてとんでもない、と思ってしまった人も多いのではないだろうか。

しかし、税務上の「赤字を出す」ことは、「お金が減る」ということと同義ではない。税務の世界では「お金は減っていないのに赤字が出る」ことがままあるからだ。

実質的には損が出ていなくても、帳簿上だけ損を出すということができる。簡単にいえば、経費を積み上げるのだ。もっと平たくいえば、生活費に関わるものも事業の経費にぶち込むのである。

パソコンを使って仕事をする場合は、パソコンの購入費やインターネット料金を経費に計上する。テレビやＤＶＤプレーヤーを買ったときも、事業のための情報を収集するということで購入費を経費に計上する。

さらに、法人と違って個人事業の場合は接待交際費の全額を経費として計上できるので、仕事に関係する人と飲食などをした代金を、接待交際費として計上する。友人知人と会食しても、仕事の情報を得られたということで、事業の接待交際費に入れるのだ。

それやこれやで経費を積み上げれば、副業で得た収入など簡単に相殺することができる。そして赤字を増やした分だけ、サラリーマンとしてもらった給料を減額することができるのだ。

つまりは、「副業」を介在させることで、給料の税金を生活費に回すことができる、ということである。赤字というのは名ばかりであり、以前とまったく変わらない暮らしをしながら、税金の還付がもらえるのである。

## サラリーマンが事業をやるという意味

この節税システムには、もう一つ重要なポイントがある。サラリーマンがしている副業を「事業所得」として申告するということだ。

本来、副業的な収入は雑所得として申告するのが普通である。雑所得というのは、職業的な作家じゃない人が本を書いたときの印税収入など、雑多な所得のことである。

しかし雑所得というのは、赤字が出ても他の所得と通算することができない。だから雑所得として申告しても、まったく節税にならない。

事業所得で申告するからこそ、節税になるのだ。

ここで「事業所得」と「雑所得」はどういうふうに区分されるのか、という疑問が生じるはずである。

ところが、実は事業所得と雑所得の税法上の明確な区分はない。副業が、どのくらいの規模があれば「事業所得」として認められ、どの規模ならば「雑所得」になるのかという、はっきりした基準はないのである。

だから理論的にいえば、サラリーマンがやっている副業であっても、事業所得として申告することができる。

この節税システムは、税務関係者の間では以前から知られてきたものである。

しかし、それを実行する人というのは、そうそういなかった。サラリーマンの副業が今ほど一般的ではなかったし、「副業を事業として申告する」には、けっこう勇気がいるものだからだ。

だが、昨今では、このシステムを使うサラリーマンも増えているようである。

ただし、これは、どんなサラリーマンでも使えるものではない。

ネットでちょっとした副業をして、それを事業所得として申告するのがＯＫかといえば、決してそうとはいえないからだ。

税務の世界では、「社会通念上」という言葉がある。税務の世界で、法的に明確になっていないもの、グレーゾーンとなっているものについては、「社会通念上」に照らし合わせて解釈される、ということである。税務に関する判決でも、社会通念上が重要な位置を占めることが多い。

確かに事業所得に関して明確な定義はないが、だからといってそう拡大解釈もできないのである。

ネットで毎月数千円の収入がある、それを果たして社会通念上「事業所得」といえるのか、と問われれば、だれもYESとは答えないだろう。

だからこの節税システムが使えるのは、ある程度、事業として成り立っていることをしている人になるだろう。

## 不動産を購入して税金を減らす

### サラリーマン大家という謎の存在

前項では、副業をしているサラリーマンが副業の赤字を出して、それを利用して税金を安く（ゼロに）している例を紹介した。

給与所得以外の所得の赤字を活用して、給料分の税金を安くする方法は実は他にもある。不動産経営を使うという方法である。

この方法は、副業を使った節税術よりもずっと一般的に使われている。

M氏というサラリーマンがいる。

中堅商社に勤務し、年間報酬は1000万円弱である。彼には、商社マンの他に別の顔がある。アパート経営者、つまり大家という顔である。

彼は東京近郊に賃貸アパートを2棟持っている。自宅マンションも自分の所有であり、彼の持っている不動産の総資産は3～4億円である。

にもかかわらず、彼の所得税はゼロなのである。

なぜこんなことになっているのだろうか？

副業で赤字を出して給料の税金をゼロにしているサラリーマンがいることは、すでに述べたとおりである。それと同じように、不動産事業を行いそこで赤字を出して、給料の税金をゼロにする方法もある。

M氏はそれを行っているのだ。

### 不動産経営は「赤字」を作ることが簡単

不動産事業というのは、実はたやすく赤字を出すことができる事業なのである。

まず、アパートなどの建物は、減価償却費という経費を計上することができる。この減価償却費が、不動産事業を赤字にするアイテムである。

減価償却とは、事業用の高額（10万円以上）資産を購入した場合、その購入費用を耐用年数に応じて費用化できるという制度である。

たとえば、耐用年数10年、1000万円の機械を購入した場合、10年間にわたって1年あたり100万円ずつ経費に計上していくことができる。実際の計算はもう少し複雑だが、基本的にはそういうことである。

なぜこんな制度があるかというと、高額の資産を購入したとき、それを買った年に全額経費として計上すると、その年だけ経費が異常に大きくなってしまう。しかし、その資産が何年間にもわたって使用するものならば、その資産は使用する期間ずっと恩恵を受けることができるはずだ。ならば、買った年に一度に経費化するのではなく、使用する期間に案分して経費化しようということで始められた制度である。

この減価償却費のおかげで、不動産を購入した場合、その購入費を経費化できるのである。

M氏は、木造モルタル建てのアパート（5部屋）3000万円を2棟建てた。木造モルタルの建物は耐用年数が20年なので、1年間に5％、300万円ずつ減価償却していくことになる。つまり、何もお金を使わなくても、毎年300万円は経費として計上できるのだ。

アパートの家賃は1部屋5万円。だいたい常に9割くらいは入居しているので、年間の家賃収入は500万円ちょっとである。

500万円の収入から300万円の減価償却費を計上できるので、残りは200万円である。加えてM氏は、経費を積み上げるためのさらなる手段を使っていた。

## 必殺「青色申告」

M氏は「青色申告」を使っている。

青色申告とは、収支をきちんと記帳し、それらの証票類を保管するなどの条件を満たせば、税金上の特典を受けられる制度である。

2章では、白色申告で〝適当〟な税務申告をしている者を紹介したが、経理をきちんとつけている人にとって青色申告は強力な武器になる。

青色申告の最大の特典は、「家族への給料の支払いができる」という点である。

一定の条件（複式簿記など）を満たした青色申告者が、家族を従業員として働かせ、給料を払った場合、その給料を経費として計上できるのである。ただし、不動産賃貸業の場合は、一定以上の規模がなければこの特典は使えない。一定以上の規模というのは、貸家の場合は5軒以上、アパートの場合は10室以上である。

M氏は条件をクリアしているので、この制度を利用している。

妻を従業員ということにし、年間100万円程度の給料を払っている。100万円以内であれば、M氏の配偶者控除が受けられるし、社会保険なども新たに加入する必要がないからだ。

この100万円の給料が、一気に経費を膨らませることになっている。

これに不動産屋に支払う手数料や、修繕費などを加えれば、経費は家賃収入を大きく上回ることになり、晴れて赤字申告ができる、というわけである。

## サラリーマン大家が増えている

昨今、M氏のようなサラリーマン大家が増えている。

M氏は、昔から税金についてこだわりがあったわけではなく、特に節税をしたいという意思があったわけではない。たまたま同僚に地主の息子がおり、その同僚が自分名義のアパートを持っているにもかかわらず、税金をほとんど払っていないことを知ったのだ。その息子は、給料から天引きされている源泉徴収税をほとんど還付してもらっているという。

そのとき、税金のこの不可思議な制度のことに気づき、自分でもやってみようと思ったのである。

この方法は、土地持ちのサラリーマンなどの間で以前から利用されてきたものである。昨今では、もともと土地を持っているサラリーマンだけではなく、新たに不動産を取得して、この節税術を行う人も出てきている。

2008年秋のリーマン・ショックで不動産の価値は大きく下落した。しかし、不動産賃貸料というのは、不動産価値の下落ほどには急激に下がることはない。不動産売買をしている業者にとって、リーマン・ショックはダメージが大きいが、不動産賃貸業をしている者にとっては、それほどでもないのだ。

だから、不動産価値が下がっている現在は、不動産賃貸業を始めるチャンスでもあるわけだ。

会社だけに頼るのではなく、会社以外に収入の途を探るサラリーマンが増えている。その一つとして、「大家」が選ばれることが多くなっている。

大家というのは、他の事業のように手間がかかるものではない。いったん入居者が入ってしまえば、その後はそれほど忙しい業務はない。だからサラリーマンの片手間でも十分にできるのである。

また、これまで述べてきたように、サラリーマン大家はうまくやれば非常な節税ができる。副収入を稼ぎながら節税ができるのだから、こんなにおいしいことはない。家賃収入自体は大した家計の助けにはならなくても、購入費さえ賄《まかな》えれば、不動産という資産が残ることになる。

つまり、節税をしながら資産を蓄えられる、ということなのである。

# ネット副業でプチ無税生活

## インターネットは脱税だらけ

近年、ネットで副業をする人が増加している。

サイトを見るだけで小銭が稼げるアフィリエイトから、大々的にサイトを作って物品を販売する人まで。なかには月数十万円、数百万円稼ぐ人もいるという。

このインターネットでの副業では、実はプチ無税生活をしている人が多い。

サラリーマンなどが副業したときの収入は、20万円以上になれば雑所得として申告をしなければならない。だから、年間20万円以上の稼ぎがある人は、本来ならば会社の税金とは別に確定申告をしなければならない。

しかし、それをせずに無申告の状態でいるわけだ。

副業をして赤字を出し、給料の税金を還付するという方法を前項で紹介したが、この方法は逆で、副業で黒字を出しながらも申告せずに、副業で生じた税金を納めないままにしている、ということである。

たとえば、不動産会社に勤務するサラリーマンのＴ氏。

彼はインターネットが趣味で、パソコン通信の時代からの愛好家である。そして、ネットの世界では、主役ともいえるアダルトサイトにも造詣が深い。

Ｔ氏はその知識を使って、アダルトサイトのリンク集を作っていたが、その使い勝手のよさが評判を呼び、たちまち毎日数十万件のアクセスを集めるようになった。

やがてアダルトサイトのほうから広告を出したいという話がたくさん持ち込まれるようになった。するとその広告料だけで、月20万円以上が入るようになったのである。Ｔ氏の本業での手取り額とそう変わらない額だ。

Ｔ氏は最初は戸惑いながらも、次第にその収入をあてにするようになった。彼の遊興費はほとんど副業収入で賄われることになった。

税金の申告をしなければならないということはＴ氏もうすうすは気づいていた。ある程度の副業収入がある人は、自分で確定申告をしなければならない、と。

しかし、面倒臭いのと、たくさん税金を取られそうなので、ついそのままにしておいたのだ。
もうこの副業を始めてから5年もたつが、税務署からはなんのお咎《とが》めもない。

## 税務署はネット脱税を放置しているのか？

ネットビジネスでは、本来は申告が必要なのに申告されていないT氏のようなケースが非常に多い。多くの場合、T氏のようにそれほど悪意はないが、わざわざ税金を払うのは嫌だ、という理由で無申告になっているようだ。

税務署としても、こういう無申告を放置しているわけではない。2000年には、東京、大阪、名古屋の国税局にネットの取引を監視するサイバー税務署というチームを発足させ、現在では全国の国税局に設置されている。

このサイバー税務署では、2000年から2006年までの間に、143億円の課税漏れを発見している。

しかし、通常のビジネスに比べて、ネットビジネスが脱税しやすいのは、確かである。ネットビジネスというのは、なかなか税務調査がしづらいのである。だれがどこでどの程度稼いでいるのか、皆目見当がつかないからだ。

課税漏れや脱税というのは、まず「だれがどこでどのくらい稼いでいるのか」ということがわからなければ話にならない。その基本的なことがわからないから、税務調査をする側としては大変である。

また、税務署というところは役所であり、民間に比べればＩＴの導入がかなり遅れている。署員のなかにはメールの送受信さえできない者もたくさんいる。筆者が国税局に勤務していた10年前、そろそろインターネットが社会に認知されようという頃だったが、個人でパソコンを所有している人はほとんどいなかった。

最近は税務署でも、調査のためにインターネットが使えるようになっているが、職員が自由に使えるのではなく、わざわざ使用許可の申請をしなければならないという。これでは日進月歩のネットの世界についていけるはずはない。

サイトを作って大々的に商売している人は別として、オークションサイトを利用して商売している人や、掲示板などで売買の告知をして商売をしているような人を、完全に把握することは非常に難しい。

サイバー税務署が発見した１４３億円の課税漏れのほとんどは、「申告時期の誤り」だった。「申告時期の誤り」とは、「本当はこの年の利益に入れなくてはならないのに、翌年の利益として申告した」「本当は翌年の経費に入れなくてはならないのに当年の経費として申告してしまった」というような、経理処理の時期的な誤りにすぎない。

経理処理の時期的な誤りは、一時的には税金が安くなるが長期的にみれば変わらないので、そう重大視されるような課税漏れではない。「申告時期の誤り」は税務署が実績作りのために、「重箱の隅」をつついて調査したケースが多いのだ。

つまり、サイバー税務署の実績の多くは、単なる「重箱の隅つつき」であり、無申告者を一網打尽にしたというような大手柄では決してない。

現在のところは、明らかに大々的に商売をして利益を上げているはずなのに、申告がない（申告が少ない）というような事業者を摘発しているにすぎない。個人が趣味の延長で行っているようなネットビジネスまでは税務署の調査はなかなか及んでいないといえる。

## 税金豆知識④――罪をかぶってドロンする「かぶり屋」

先に紹介した「B勘屋」よりも、さらに高度な隠ぺい工作をする「かぶり屋」という存在が最近、出現している。

「かぶり屋」というのは、表向きは正式な企業である。そして、自社の発行した領収書を売るのだ。

販売価額は領収書額面の数％。ここまでは「B勘屋」とほとんど変わらない。

「かぶり屋」と「B勘屋」の違うところは、「かぶり屋」が消えてしまうことだ。

「かぶり屋」は自社の領収書を売った後、所在不明になる。だから、税務署としては、「かぶり屋」の発行した領収書に不審を抱いても、「かぶり屋」とはコンタクトが取れないので、その領収書の真偽を調べることができない。

たとえば、ある「かぶり屋」が100万円の領収書を発行して、A社に5万円で売ったとする。A社は100万円の経費を計上できるので、95万円の所得を隠ぺいできるというわけだ。

「かぶり屋」は一応、正規の企業として登録されているが、所在不明になっている。税務署がA社の100万円の領収書を怪しいと思っても、領収書の発行元である「かぶり屋」には、連絡が取れない。

つまり「かぶり屋」は、取引先の脱税取引を全部かぶったまま、ドロンしてくれるのだ。

ただ、この「かぶり屋」も、〝完璧な脱税〟にはならない。「かぶり屋」が所在不明になって、そのまま出てこなければ、脱税が成立する可能性は高いが、なかなかそうはいかない。

「かぶり屋」というのは、脱税取引をかぶってやることで生計を立てているので、いったん所在不明になった後、またどこかで同じ「かぶり屋」を始める。あちこちで「かぶり屋」をやっていれば、税務署に見つけられる可能性も高くなるわけだ。

また、所在不明といっても、本当に所在がわからないわけではない。本当に所在不明になっていれば、彼らは、商売ができないからだ。税務署や役所など公けに対して所在不明になっているだけであって、ニセ領収書を買ってくれる取引先などとは、ちゃんと連絡が取れるようになっている。もし税務署がその連絡先を発見すれば、「かぶり屋」もお手上げとなってしまう。

# 4章
# 会社という無税アイテム

# 会社を作れば税金が安くなる不思議

## 会社経営者はなぜ税金が安い？

「ここは俺が払うよ」

「いいよ、いつも出してもらってるから」

「いや、いいよ、会社の経費で落とすから」

会社を経営している知人などと飲みに行くと、こういう光景に出くわすことがある。

「会社の経費で落とす」

一般の人にとっては、うらやましい響きではないだろうか。

経費で落とすとはどういうことか？　なぜ彼らは気前よくおごってくれるのか？

普通のサラリーマンの世界でも、会社から予算をもらった上司がたまに気前よくおごってくれることがある。しかし、彼らの気前のよさは、それとはちょっと違う。

彼らの場合は、会社の金といっても、自分で経営しているのだから、自分の金も同然である。その自分の金を気前よく使うのだから、身銭を切っているのと同じことである。

彼らは単に気前がいいだけなのか？

そんなはずはない。彼らには彼らなりのメリットがあるから気前がいいのだ。

「会社を経営すれば税金は安くなる」

そう聞いたことがある人も多いだろう。

しかし、いったいなぜ会社を経営すれば税金が安くなるのか？

普通の人にとってはなかなかわかりづらいものである。

税金というのは、不可思議なものである。杓子定規に有無をいわさず冷酷に取り立てる反面、ちょっとした手続きを踏めば、驚くほど安くなったりするものである。

会社経営には、その税金の不思議な要素が詰まっているといえる。その税金の不思議を、とある会社経営者を例に引いてこれから説明しよう。

## ある会社経営者の話

その会社経営者とは、ネット関連の会社を経営しているA氏という人物である。

彼は税金的にとてもおいしい生活を送っている。

A氏の会社は、都心近くのマンションの一室にある。高級マンションではないが、安っぽいものではない。A氏の会社以外にいくつかのベンチャー企業が居を構えている。

A氏の会社の年商は2000万円。設立5年めの会社としては、まあまあの数字だといえる。5年の間、右肩上がりとはいえないが、着実に成長している。

A氏の他に社員はだれもおらず、社長一人だけの会社である。社長一人の会社というと、一般の人にはピンと来ないかもしれないが、よくある形態である。

会社という形態に、従業員の人数とか、年商いくら以上などという決まりはまったくない。登記するための条件さえ満たしていれば、だれでも、どんな規模の商売であっても、会社を作ることができる。

以前は、有限会社なら300万円、株式会社ならば1000万円の資本金を用意しなければならなかったが、今は1円でも株式会社が作れるので、登記費用20〜30万円さえ用意すればだれでも会社が作れる。

つまり、それだけの金さえ出せば、だれでも社長になれるのである。

そして会社を作れば、税法上の恩恵を受けることができる。

A氏の会社は、赤字なので法人税はゼロである。

そしてA氏の所得税は10万円程度。これは年収200万円程度の派遣社員よりも少ない。かといって、A氏が貧しい生活をしているというわけではない。

家賃20万円のマンションに住み、高級車に乗っている。年間の遊興費は300万円を下らない。

なのに、なぜ税金が極端に安いのか？

そこに税金の不思議があるのだ。

**税金が安くなるカラクリ**

A氏はもともと、IT企業のサラリーマンだった。5年前に自分のアイディアをビジネスに生かしてみたいと思い、独立に踏み切った。

サラリーマンが独立して事業を始めるとき、その形態には2種類ある。

個人名義で事業を行う「個人事業」と、会社を作って行う「法人事業」である。

実態としては、両者の形態に違いはない。たとえば商店などで、それが会社になっているのか、個人事業としてやっているのか、外からはその違いはまったくわからないはずだ。

その違いは、会社の登記をしているかいないかだけである。

実態としては登記をしているかしていないかの違いにすぎないが、税金の取り扱いは大きく違う。

両者は、課税される税金の種類から違ってくるのだ。

個人事業の場合は、その事業者の個人の所得税、住民税がかかる。しかし法人事業（会社）の場合は、法人税、法人住民税がかかる。

税金の計算方法も違ってくる。

個人事業のほうは、単純である。売上から経費を差し引いた額が「所得」ということになり、その所得に対して税率がかけられる。

法人（会社）の税金も、個人事業と同じように、基本的には売上から経費を差し引いた額の「法人所得」に対して税率がかけられる。ただし、法人の場合、役員への報酬も経費のなかに含めることができる。

つまり法人（会社）の場合、社長も社員もみな、会社から報酬を受け取っているという建前になる。

個人事業者は、事業の利益はすべて事業者のものという形になり、事業の利益自体に税金が課せられることになる。

しかし会社の場合は、事業の利益からさらに社長本人の報酬を差し引いた残額に対して税金が課せられるということになるのだ。

このシステムをうまく使えば、会社は非常に税金を安くすることができる。

たとえば、売上が3000万円で、経費が2000万円の事業があったとする。利益は1000万円のはずだ。これを個人事業でやったならば、利益の1000万円がそのまま所得となり、この1000万円に対して所得税がかかってくる。

しかし、同じ事業を会社で行なった場合、利益となるはずの1000万円を社長の報酬とすれば、会社の所得は差し引きゼロになってしまい、会社の税金はゼロにすることができるのだ。

会社を作れば税金が安くなる、というのは、簡単にいえばこういうことである。

## 「経費の計上」は玉手箱

会社の税法上の恩恵は、なんといっても、さまざまな経費を計上できるところにある。

会社の税金（法人税、法人住民税、法人事業税）は、会社の利益に対して課される税金である。利益とは、簡単にいえば売上から経費を差し引いた残額のことである。だから経費が多ければ多いほど、税金は安くなるということになる。

会社の業務においてはさまざまな経費が計上できる。そのため、税金のかかる収入が低く抑えられ、税金が安くなるのだ。

事業の経費というと、商品の仕入れ代金や、事務所の維持費などくらいしか思い浮かばない人も多いだろう。しかし、事業の経費というのは、けっこう広範囲に認められている。

たとえば、会社の社宅という形にして、マンションを購入することもできる。購入費を会社の経費で落としながら、マンションを入手することができるのだ。

また賃貸マンションを会社の借り上げにして、家賃を会社の経費で落とすこともできる。この経営者A氏も、家賃20万円のマンションに住んでいるが、会社の名義で借りているものだ。

社用車にしてもしかりである。A氏は500万円もする高級車に乗っているが、この車は社用車である。

「高級車は会社には関係ないのだから、会社の経費で買うのはおかしい」

と普通の人は思うかもしれない。

確かに、個人的に使う高級車を会社の金で買うことは、世間一般的には許されるものではない。しかし、その車が会社の名義であり、少しでも会社の業務で使っているならば、立派に社用車として通用してしまうのが、今の税制なのである。

## 給料の他に交際費が400万円!

会社経営者の最大の利点は、接待交際費を自由に使えることである。

事業に関係する接待交際費ならば、原則、会社の経費に計上できるが、これが普通のサラリーマンならばなかなかそうはいかない。会社の業務に関係する費用であっても、会社がすんなり出してくれるとはかぎらない。

ところが自分が経営者ならば、何事も自分で決めることができるので、会社の懐具合に応じて接待交際費を出すことができる。会社が儲かっていれば、その分を飲み食いに使うこともできるわけだ。

「儲かったからといって、取引先の接待でそんなにお金を使うのはもったいない」

そう思った人も多いだろう。

しかし、税法で認められている接待交際費というのは、取引先の接待に限ったものではない。けっこう広範囲に認められているのである。

従業員を連れて飲み歩くときも、接待交際費になるし、仕事上の友人など、少しでも仕事に関係していれば、接待交際費とすることができる。というより税務署は、接待交際費の相手まで細かく調べることはないので、事実上、経営者にとって接待交際費は使い放題なのである。

経営者A氏も、接待交際費を年間300万円以上使っている。休日を除けば1日に1

万円以上使える計算になる。

ただし、交際費はすべてが経費として計上できるわけではない。

まず、資本金が1億円を超える大企業には交際費は認められていない（つまり接待交際費というのは中小企業だけの特権である）。

また資本金1億円以下の企業も、経費に計上できるのは400万円までであり、しかもそのうち90％しか経費処理はできない。つまり300万円使った場合、経費にできるのは270万円となる。30万円は利益に加算しなければならない。

それでも、会社経営者が遊興費の面で恵まれていることは間違いない話である。400万円も遊びに使える金、税金のかからない金があることは確かなのだから。

## 会社経営者はサラリーマン？

会社経営者というのは、税法上の定義ではサラリーマンということになる。自分の資金で会社を作った場合でも（つまりオーナー社長の場合でも）、税法のうえではサラリーマンとなるのだ。

社長といえども、会社から報酬をもらう「雇われ人」という形になり、そしてその報酬は、サラリーマンの給料と同じ扱いになる。だから、社長はサラリーマンということになるのだ。

ところで、サラリーマンには、実は自営業者などにはない税法上の恩恵がある。「給与所得者控除」というのが、それである。

給与所得者控除とは、給料に対して全額が税金の対象になるのではなく、一定の金額を割り引いた残額に税金をかける、という制度である。

給与所得者控除の金額は、左の表の算式によって求められる。

たとえば、年間給料の額が600万円の場合、収入の20%プラス54万円なので、控除の額は174万円となる。この174万円が給料の額から差し引かれるので、600万円マイナス174万円で、426万円が税金のかかる収入ということになる。

つまり、サラリーマンは600万円の給料をもらっていても、税金の対象となるのは426万円ですむ、ということである。

なぜこのような制度があるのかというと、サラリーマンは他の事業者のように必要経

## 給与所得者控除の算式

| 給与の額 | 給与所得者控除の額 |
| --- | --- |
| 180万円以下 | 収入金額×40%<br>65万円に満たない場合には65万円 |
| 180万円超360万円以下 | 収入金額×30%+18万円 |
| 360万円超660万円以下 | 収入金額×20%+54万円 |
| 660万円超1000万円以下 | 収入金額×10%+120万円 |
| 1000万円超 | 収入金額×5%+170万円 |

費が認められていないからだ。

普通、税金というのは、収入から必要経費を差し引いた残額に課せられるものである。

しかし、サラリーマンには必要経費が認められていないので、収入にそのまま税金が課せられてしまう。

それでは不公平なので、サラリーマンも一定額を必要経費として認めましょう、ということになった。

それが給与所得者控除なのである。

サラリーマンであれば、だれでも、必要経費が多かろうが少なかろうが、この算式に応じて、控除が受けられる。

そして、会社経営者の場合は、建前のうえでは会社から報酬をもらって仕事をしているサラリーマンであるから、当然、この「給与所得者控除」が受けられる。つまり、会社経営者も他のサラリーマンと同じように、給料の全額に税金が課せられるのではなく、一定の金額を差し引いた残額に税金が課せられるのだ。

会社経営者の場合、自営業者と同じように会社でさまざまな経費を計上できるうえに、サラリーマンの特典である「給与所得者控除」も受けることができる。

自営業者の税法上の恩恵と、サラリーマンの税法上の恩恵、両方を受けられるというのが、会社経営者なのである。

## 夢のクルーザーも節税のため

経営者A氏は、非常に安い税金しか払っていないにもかかわらず、クルーザーも所有している。といっても、名義は会社のものとなっている。

クルーザーというのは、実は昨今の経営者たちの格好の節税アイテムとなっている。

クルーザーをなぜ会社が所有できるのか？

と疑問に思った人も多いだろう。クルーザーを使って事業をやっている会社ならば別として、普通の会社がクルーザーを持つのはおかしいんじゃないか、と。

しかし、会社の経費には福利厚生費という費用が認められている。だから、福利厚生の一環としてクルーザーを購入するのである。

A氏の会社は、従業員はA氏一人だけである。社長一人の会社でも、福利厚生でクルーザーを所有するというようなことが許されるのだろうか。これには明確な判例はないが、理論的には可能である（社会通念上どうかという判断で否認される可能性はまだこういうケースでの判例はない）。

社長一人の会社であっても、会社と社長個人は別個の存在という扱いになる。だから、大会社と同じように福利厚生費を出しても差し支えない。

クルーザーがなぜ節税アイテムとして活用されるのか。それは、クルーザーの耐用年数が短いからである。クルーザーの耐用年数はモーターボートが4年、ヨットなどが5年となっている。

1000万円ほど出してヨットを買っても、たった5年で減価償却できるのである。

しかも中古のヨットを買えば、さらに耐用年数は短くなり2年などということもある。となれば、わずか2年で数百万円の償却ができるのだから、小金を貯めた小企業の経営者にとっては打ってつけの節税アイテムとなる。

そういうわけで、この不況にもかかわらず、クルーザーの売れ行きは伸びているという。

では、A氏はクルーザーを使えるのか、というとそうでもないらしい。クルーザーを持つことはステータスでもあるし、節税になると聞いてとりあえず購入した。しかし、まだほとんど使っていないそうだ。

## 会社を作れば税金が安くなるというわけではない

経営者A氏は、サラリーマンになった頃から独立開業のための野心を燃やしていたわけではない。彼はネット世代の申し子ともいえる人物で、自分の興味のある分野、自分の役に立つ情報は、面倒臭がらずに、詳細な情報収集を行う。何事にも研究熱心でありながら、ドライな状況判断をする。

ただのサラリーマンだった頃、仕事に役立てようと会計の勉強をしていたときに、自分がどれだけ多くの税金を払っているかに気づいた。そして、会社を作れば税金が非常に安くなることを知った。

彼は、自分のＩＴのスキルに自信をもっており、市場の需要があることもわかっていた。

そこで彼は自分のスキルと研究のすべてを結集し、今の会社を起ち上げたのである。

「会社を作れば税金が安くなる」

といっても、ただ会社を作りさえすれば税金が安くなるというものではない。

というより、へたをすれば会社を作ったことによって税金が高くなる場合もあるのだ。

会社を作るということは、個人の所得税の他に会社の税金（法人税など）がかかることになるからだ。

個人事業者の場合の税金は、個人事業で得た利益に対してそのまま税金（所得税、住民税、事業税）がかかることになっている。

一方、会社を作った場合、会社で得た利益に対して税金（法人税、法人住民税、法人事業税）がかかり、会社から報酬をもらっている社長にも、その報酬に対して個人の税金（所得税、住民税）が課せられることになる。

つまり、会社を作れば、新たに課せられる税金の種類が増えるわけである。個人事業をしている間は、個人の税金だけでよかったものが、会社を作ることによって法人の税金も払わなくてはならなくなるのだ。

「それならば会社を作ったほうが税金が高くなるじゃないか」

と思った人もいるだろう。

確かに、会社というものは、思った以上の利益が出たような場合には、逆に税金を多く払わなければならない羽目になる。

利益が出たからといって、社長がボーナスをもらうわけにはいかない。同族会社の社長というのは、あらかじめ決められた額の報酬しかもらうことができないようになっている。それでも会社の利益を社長がもらう場合には、法人税と所得税の二重の税金が課せられることになっているのだ。

会社の利益をゼロにしたり、赤字にしたりするには、それなりのテクニックがいる。

きちんと事業をやっていきつつ、会計上の利益を出さない、ということなのだから、会計上の知識も必要である。だから、なんの知識もない人が、無計画に会社を作っても、税金は増えるだけである。

会社経営者が、気前よくおごるのもこのためである。利益を出してしまえば、最低でもその3割が税金として取られてしまう。どうせ税金で取られてしまうなら、経費として使ってしまったほうがいい。彼らはそう考えているのだ。

## 会社の利益は出さなくていい？

ここまで読んでこられた方のなかには、こういう疑問をもった人も多いのではないだろうか？

「会社を経営している者が、会社の利益を出さないようにするとは本末転倒ではないか」と。

会社の利益を出すのが、会社経営の目的であるはずだ。なのに、利益を出さなくていい、むしろ出したら困る、というのはおかしな話ではある。特に、多くのサラリーマンにとっては腑《ふ》に落ちない話だろう。会社の利益を上げるために、毎日奮闘しているのだから。

ここに、日本の会社制度の奇妙さがある。

なぜ会社の利益を出さなくてはならないのか、それは株主のためである。会社というのは、本来、株主が投資をし、会社の役員や社員はその金を使って利益を上げる、その利益を株主に配当という形で還元する。会社とは、そういう仕組みになっている。だから、普通ならば会社というのは利益を上げなければ話にならない。

しかし、日本の会社の9割は、オーナー社長の会社である。どういうことかというと、自分で全額出資して会社を作っているのだ。つまり株主と社長が同一人物なのだ。

そういう会社では、べつに利益を出して株主に配当を出す必要はない。むしろ、利益を出して配当を出すということは、会社にとって損である。利益には法人税がかかるし、配当には、株主に対する所得税がかかる。

利益を出さずに経費として使ってしまったほうが、大いに節税になるのである。

まあ、オーナー社長の会社であっても、銀行から融資を受けなければならない会社などでは、利益を出さなくてはならない場合もある。銀行は赤字の会社にはなかなかお金を貸してくれないので、税金を払ってでも黒字にする必要があるのだ。しかしそうした場合以外においては、オーナー社長の会社は、黒字にする必要性はあまりないのである。

## 会社を作る芸能人たち

### 長者番付に載らなかった芸能人

現在は廃止されたが、2006年まで長者番付という制度があった。

これは所得税の額が1000万円以上の高額納税者を税務署が発表するというもので、正式名称は「高額納税者公示制度」といった。その年にだれが最も収入が多かったのかがわかるため、長者番付と呼ばれるようになった。

この長者番付で最も話題になるのは、芸能人である。一番人気があるのはだれなのか、だれの歌が最も売れているのか、それが如実にわかるからである。新聞各紙はこぞって芸能人のランキングを発表し、その内容を分析した。長者番付の発表は春の風物詩ともなっていた。

さて、この長者番付で、このような疑問をもったことはないだろうか？

「なぜ、あの人は入っていないの？」

この疑問を解くには、長者番付の仕組みを説明しなければならない。

長者番付というのは、実はその年に最も稼いだ人の番付ではない。最も税金を納めた人の番付なのである。

ということは、たくさん稼いでも、税金をあまり払っていなければ長者番付には載らないことになる。

つまり、節税のうまい人は長者番付に載らないのである。

たとえば島田紳助。

彼は30年近くテレビに出続けており、現在、最もギャラの高い芸人の一人である。しかし彼は、長者番付の上位にはあまり出てこなかった。

タレント部門の全国版にはほとんど出てくることはなく、地方版（大阪版）に名を連ねるくらいだった。

長者番付には、「全国版」と「地域版」があり、全国版というのは全国での順位で、地方版というのはその地方での順位である。

島田紳助ほどの芸人であれば、少なく見積もっても日本で10位以内、普通に考えれば3位内くらいに入っているはずだ。

それなのに、なぜ島田紳助は長者番付に載らなかったのか?

それは、彼の節税が非常にうまかったからだといえる。

芸能人が売れ始めると、会社を作る、ということを聞いたことがある人もいるだろう。実際に島田紳助は、いくつかの会社を自分で作っている。

なぜ芸能人が会社を作るのかというと、最大の目的はもちろん節税である。

そして芸能人の会社の節税方法には、普通の会社経営者とはちょっと違った節税スキームがあるのだ。

## 芸能人の節税の仕組み

ミュージシャンSを例にとってみたい。

ミュージシャンSは、何曲かのヒット曲をもつ中堅アーティストである。最近はヒットチャートをにぎわすことが減ってきたが、作詞作曲も手がけるため収入はかなり多い。ここ数年の年収は5000万円程度で推移している。

Sはデビューして5年後に会社を作った。Sのマネージメントや、楽曲の管理をする会社である。知り合いに社長をしてもらい、自分はヒラの社員ということになっている。

Sの稼いだ金は、すべて会社の収入となる。そして、Sの稼いだ金を、会社の経費という形で、さまざまに費消する。Sの自宅も会社名義となっており、自宅内に作られたスタジオもすべて会社の経費から出されている。また、高級外車のフェラーリも会社の所有だ。

ここが芸能人の節税方法のキモである。

収入5000万円をまるまるSが受け取ったならば、5000万円の収入にまるまる税金が課せられることになる。所得税、住民税を合わせると、概算で2000万円以上の税金を払わなければならない。

しかし、会社を作ることにより、Sの収入はいったん会社の売上として計上される。

そして会社がさまざまな経費を計上することにより、「税金がかかる収入」を大幅に減らすことができるのだ。

S自身は、会社から年に800万円の給料をもらっているサラリーマンにすぎない。日本の所得税は累進課税となっているので、収入が大きくなるほど税率は高くなる仕組みになっている。年収5000万円ならば、税率は最高税率の50%（所得税、住民税含む）となるが、自分の報酬を800万円程度に抑えれば、税率は20〜30%ですむ。

実に、税金は10分の1になってしまうのだ。

売れ始めた芸能人が会社を作るのはこのためなのである。

## 自分の収入を他の事業に投資する

芸能人が会社を作るのは、自分の芸能人としての収入を他の事業に投資するためであることも多い。

芸能人には、本業である芸能活動の他に、飲食店やアクセサリーショップなどを経営するなど、副業をしている人が多い。

芸能人が副業を始める場合、「他の事業に興味があった」という理由が多いが、自分の収入を他の事業に投資して、売れなくなったときに備える、という目的もあるだろう。せっかく多額の収入を得ているのだから、それにただ税金をかけられたのではもったいない。金があるうちに他に投資して有効に使おう、というわけだ。

会社を作っておくと、他の事業に投資をしたり、副業に資金を投入したりするのに非常に好都合になる。

芸能人の副業は、実際の経営は自分がするのではなく、家族や知人にその事業を任せることが多い。忙しい芸能人は、副業にそれほどかまける時間はないからだ。

事実上の経営は他の人がやっている場合、芸能人は金を出すだけ、ということになる。それは会計のうえでは、実際に経営する人にお金を貸すだけという図式になるので、出したお金は経費として収入から差し引くことができず、これだけでは税金を減らすことにはならない。

しかし、会社を作って芸能活動も副業もすべて会社の事業ということにしてしまえば、芸能活動で得た収入を副業に回すことで、経費を膨らませることができる。つまり、副

## 芸能人が会社を作る理由

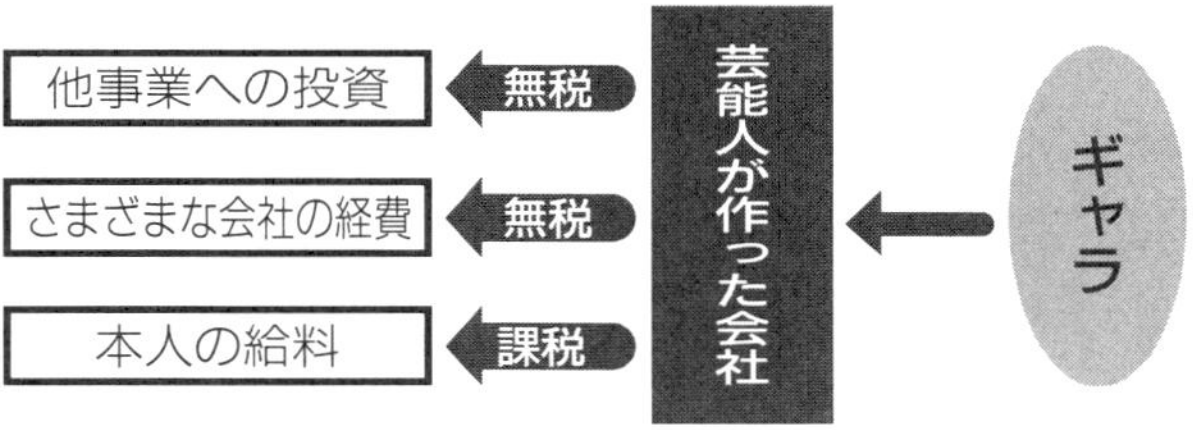


業をすることで税金を安くすることができるのだ。

たとえば、年間収入５０００万円のミュージシャンＳが、自分のお金を使って知人に飲食店を出させたいとした場合を考えてみよう。

出店経費には３０００万円かかるが、もし会社を作っていなければ、彼は知人に３０００万円を貸しただけ、ということになり、彼の収入５０００万円にはそのまま税金がかかってしまう。

単なる金の貸し借りというのは、所得には関係がないからだ。貸した金は、返してもらえば元に戻るわけなので、経費にすることはできない。

しかし、会社を作って、彼の芸能活動も飲食店の経営も会社の事業とした場合、飲食店の出店経費３０００万円は会社の経費として計上することができる。芸能活動で得た収入5000万円から、飲食店経費を差し引くことができ、税金がかかるのは、残りの2000万円に対してだけになる。

Sの会社では、知人のファッションデザイナーを使ってTシャツなどの製作販売事業を行っている。この事業はまだ黒字には程遠いが、どうせ高い税金を取られるなら、好きなことに投資したほうがいいということで始めたものである。それにもしかしたら、そのうちヒット商品が生まれ、思わぬ収入を得ることになるかもしれない。

芸能人の会社設立には、こういう理由があるのだ。

## 芸能人が節税に躍起になる理由

芸能人に会社を作っている人が多いことからもわかるように、この業界には節税に詳しい人が多い。

ただ単に芸能人が金持ちだから、ということもある。しかし、芸能人はそこまで金持ちではなくても、会社を作っている人が多い。

フォーク歌手の大御所さだまさしも、「関白宣言」のヒットで世間に認知される前から会社を作り、多角的な事業展開をしていたのである。

芸能人がなぜ節税に詳しいかというと、そこには芸能人特有の理由がある。

芸能人という職業は、浮き沈みが激しい。一度、売れたからといって、その先もずっと売れるとはかぎらない。

また、売れるまでにずいぶん時間がかかることも多い。だから売れるまでは、食うや食わずの生活をしてきた人も多い。芸能人は、貧乏話には事欠かないのである。お笑い芸人などでは、30歳過ぎまでアルバイトで生計を立ててきて、ある年に突然ブレークした、というケースがいくらでもある。

芸能人は、いくら下積み期間が長くとも、売れたときには、必ず売れた分だけ税金がかかる。売れなかった時期が長かったといっても、それを税法上考慮する制度はない。10年近く年収100万円以下でやってきて、ある年だけ1億円の収入があった芸能人は、毎年1億円の収入がある地主さんと同じだけの税金が課せられるのだ。収入の半分が税金として持っていかれてしまうのだ。

Sが会社を作ったのも、売れない時代が長く続いたことが最大の理由である。売れない時期はなんの保障もないのに、売れ始めると途端に税金が跳ね上がる。ビートルズやローリングストーンズが、税金対策のために会社を作っていることを本で読んだことがあるので、Sも同じように会社を作ろうと考えたのだ。

長年苦労してやっと手に入れたお金を、半分も税金で持っていかれるのは、たまったものではないし、それに明日の保証もない。だから、芸能人は少しでも税金を払わないですむように研究をしているのである。

ただし、印税収入者（作詞作曲、作家など）には、税法上の特別ルールがある。

印税収入は、毎年一定ではなく年によって売上に波があるので、たまたま売れたときにまともに税金をかけるのは酷である。

だから、これまで売れなかった人が、たまたま売れた場合は、過去3年の平均収入を基に税率を決めることができるのである。

たとえば、10年間、年収2００万円程度の作曲家が、ある年だけ3０００万円の収入となった場合。通常であれば収入3０００万円クラスの税率がそのまま課せられるが、印税収入者の特例を使えば、その年、前年、前々年の3カ年の年収の平均1０００万円弱のクラスの税率が適用されることになる。税率にして10％も変わってくるのだ。

このルールは印税収入者に限らず、芸能人全般に適用されるべきではないか、と筆者などは思う。

## 家族会社の分散型節税システム

### 年収1000万円なのに税金ゼロ

筆者が、税務調査で訪問した会社Yの話である。

Yは水道工事業者で、社長以下、役員、社員はすべて家族という典型的な家族会社である。

売上は3000万円程度、人件費を除いた経費は2000万円程度なので、実質収入は1000万円くらいある。

この一家は豪邸に住んでいて、家の中には豪華な家具や最新の電化製品が揃っている。

車は社長用、社長の妻用、社長の父親用と3台も所有している。

しかし、この一家が払っている税金は十数万円。ほとんどゼロに近い。

当時の筆者は、年収300万円に満たない安月給の木っ葉役人だったが、この一家全体が払っている税金は、筆者の払っている税金よりも少なかった。

こんなことがあっていいはずがない!

義憤にかられた当時の筆者は、必死に税務調査をしたが、経理上はどこもおかしな点が見つからなかった。脱税をしているわけではないのだ。

彼らは〝合法的〟に税金を削っていたのである。

Y一家の節税方法は、いたって単純である。

収入を家族で分散しているのである。

社長の報酬は年間300万円程度、会長である社長の父親も300万円程度、社長の妻は100万円、社長の母親も100万円、また大学生の娘、高校生の息子にもアルバイト代としてそれぞれ100万円近くを払っている。

日本の所得税は累進課税の制度をとっており、収入が多くなるほど税率が高くなるように設定されている(左の表を参照)。

## 所得税の税率

| 課税対象の収入 | 税率 | 控除額 |
|---|---|---|
| 195万円以下 | 5％ | 0円 |
| 195万円を超え330万円以下 | 10% | 97,500円 |
| 330万円を超え695万円以下 | 20% | 427,500円 |
| 695万円を超え900万円以下 | 23% | 636,000円 |
| 900万円を超え1800万円以下 | 33% | 1,536,000円 |
| 1800万円超 | 40% | 2,796,000円 |

普通、１０００万円を１人の収入としてもらえば、税率33％が課せられ、２００〜３００万円程度の税金が発生する。しかし、Ｙ一家は１０００万円の収入を家族できれいに分散していたので、１人あたりの収入は最高で３００万円でしかない。３００万円ならば、税率は10％。税額は30万円以下ですむ。

しかも、このＹ一家、妻も子どもも会社から報酬をもらっているが、扶養からはずれない程度の金額に抑えているために、扶養控除などの特典はしっかり享受しているのだ。

つまりＹ社長は、「年収３００万円で妻と２人の子どもを養うサラリーマン」と同じ程度の税金しか払っていないのである。

「年収300万円で妻と子ども2人」ならば、税金はほとんどゼロである。社会保険料も安い。実質的には年収1000万円の暮らしをしているにもかかわらず、である。

## 家族会社は税務署の泣き所

Y社長には、中小企業の社長にありがちな押しの強い印象はあまりない。また〝切れ者〟という感じでもない。どちらかというと、ボーッとした感じで、サラリーマンであればお荷物的な存在ではないだろうか、とさえ思える。

このような巧妙な税金対策は、彼が独自に取り入れたものではない。このY社は、もともとY社長の父親が始めたもの。Y社長は2代目である。先代の社長は、中学しか出ていないながら、努力して勉強し事業を興し、家族を養ってきた。家族に収入を分散し、税金を安くするのも、先代の社長が始めたものである。

「収入を分散するといっても、ちゃんと仕事をしていないのに、会社が家族に給料を払うことはできないんじゃないか？」

そういうふうに思った読者も多いだろう。

確かに、給料というのは仕事に対して支払われるものであり、ただ収入を分散するために家族に給料を払うという行為は、税務上認められるものではない。

しかし、日本の税制には抜け穴というか、泣き所があるのだ。それは申告納税制度というシステムである。申告納税制度というのは、税金は、納税者が自分で申告して自分で納める、というものだ。

税務当局が、追徴課税を課したりできるのは、当局側が誤りを見つけたときだけなのである。

つまり、納税者はその申告について潔白を証明する義務はなく、もし税務署が誤りを指摘するならば、税務署側がその証拠を出さなければならない。

Y社のように家族を社員にして給料を払っている場合、「その給料はおかしい」として税務署が否認するには、税務署が「家族は仕事をしていない」という証拠を出さなくてはならないのである。

Y社では、現場の仕事は社長がやり、忙しいときは社長の父親が時々手伝う、妻は経理を少しやり、母親は事務所の掃除などをしている。娘は経理の手伝いを少しし、息子は現場の手伝いを少ししている、ということになっていた。

社員に支払われている給料が妥当かどうか、その給料に応じた仕事を本当にしているかどうかを税務署が調べるには、他の社員などに聞き取りを行うしかない。

しかしY社には、家族以外の社員はいないので、家族で口裏を合わせておけばアリバイは完璧である。Y社の業務はすべて家族の内部で行われていることであり、家族以外の者はそれが本当にされているものかどうかだれにもわからない。

つまり、Y社の場合、家族に給料を払っているのはおかしい、と思っても、税務署がそれを否認することはできないのだ。

税金の世界には、こういう不公平が多々あるのである。

## あとがき◆税金についてもっと考えよう

現在、サラリーマンのほとんどの人が、税金を取られっぱなしにしている。行政側にとっては、これほど楽なことはない。

実はそのことが、行政側を甘やかせ、無能に陥らせる要因ともなっているのだ。

日本の高度成長期、税収は倍々ゲームのようにして増えていき、国庫には金が溢れた。行政側が金の使い道に困るほどだった。実際、1960年代の日本は、税金の使い道に困って、法人税や所得税の減税がたびたび行われた。

このとき行政側は荒っぽい金使いを覚えてしまい、高度成長期が終わり、バブルがはじけた後でも、以前と同じ感覚で税金を使ってきた。それが、現在の財政破綻につながっているのである。

サラリーマンは、もっと税金のことをちゃんと考えなければならない、と筆者は思う。それは、税金の使い道をチェックして、政治家や役人を厳しく追及することをしなければならない、という意味ではない。

自分がどんな税金をいくら払っているのかを知り、少しでも払わないですむ方法を考えてみる。それだけのことだ。

サラリーマンは税金を徴収されることに対してあきらめてしまっている感があるが、サラリーマンでも、本書で紹介したような合法的な手法で、税金をかなり安くできるのである。

それは自分を助けるだけでなく、行政側に対しての威嚇にもなる。「サラリーマンは、これだけ税金のことを知っているんだぞ」ということを主張できれば、行政側もサラリーマンを甘く見なくなるはずである。

税金と社会保険料で、年収の4割も取られているということは、自分たちの収入の半分近くを国家に取られているということだ。もしこれを払わないですむのであれば、収入が2倍近くに増えるということである。

税金、社会保険料をまったく払わない、ということは無理にしても、それなりに節減できれば、けっこうな増収になるだろう。

ちょっとした節税策でも数万円、大技を繰り出せば数十万円単位の節税ができる。もし10万円でも税金が戻ってくれれば、かなり嬉しいものではないだろうか。税金について研究をしても、損はないはずだ。

この本では刺激的なエピソードを集めてみたが、本書がその一助となれば、筆者としてこれに勝る喜びはない。

最後に、本書の制作にご尽力いただいた皆様にこの場を借りて御礼を申し上げます。

2009年8月

大村大次郎

**大村大次郎**（おおむら おおじろう）

国税局に10年間、主に法人税担当調査官として勤務。退職後、ビジネス関連を中心にフリーライターとなる。単行本、雑誌寄稿、ラジオ出演、フジテレビ「マルサ!!」の監修等。著書に、『脱税のススメ』（彩図社）『悪の会計学』『悪の税金学』（双葉社）など。

ベスト新書
252

# 無《む》税《ぜい》生《せい》活《かつ》

二〇〇九年十月二十日　初版第一刷発行

著者◎大村大次郎

発行者◎栗原幹夫
発行所◎KKベストセラーズ
東京都豊島区南大塚二丁目二九番七号　〒170-8457
電話　03-5976-9121(代表)　振替　00180-6-103083

装幀◎坂川事務所
印刷所◎錦明印刷
製本所◎ナショナル製本


ISBN978-4-584-12252-5 C0233